成功の法則100ヶ条

100 Golden Rules of Success

三木谷浩史
Hiroshi Mikitani

幻冬舎

成功の法則100ヶ条

はじめに

インターネットにより社会や世の中のシステムが根本的に変わっていく、そんな時代に僕らは今、生きている。AIや量子コンピューティング、ブロックチェーン、ゼロキャッシュなど、今後も凄《すさ》まじい勢いでイノベーションが加速して、世の中の再定義が進んでいくだろう。人々の生活が変わり、社会システムも、これまで常識だと思っていたフォーマットすべてがアップデートされる。「過去の常識が、非常識になる」という時代なのだ。

このトランスフォーメーションを推進するのは、「実業」だ。実業によってこそ、世の中は変わっていく。ビジネスを作り、豊かさを作るのは、ひとりひとりのビジネスパーソンである。そして、自らリスクを取って、新しい社会を切り開いていく、この民間主導の動きを牽引するのがアントレプレナー（実業家）の役割だと考えている。

その過程においては、従来の規制やルールを抜本的に書き換え、既得権益を持つ勢力と激しくぶつかり合い、さらには国家そのものとも対峙しながら、時代遅れの常識をぶっ壊し、アップデートしていく。そうして未来を紡ぐ。そんな思いを僕は強く持っている。

「夢」や「目的」を実現するために必要なのは、「何のためにそれをやるのか」を徹底して考えることだ。僕は、イノベーションを通じて、人々の生活を豊かにして、国を富ませていきたい。世界に貢献していきたい。時には地べたを這《は》いつくばりながら、世界を良くしていく。それが、僕にとっての楽天という「プロジェクト」なのだ。そのために、リスクを取って、チャレンジを続ける。イノベーションをリードし、実業で社会を変革していくのだ。

10年ほど前に、友人のイーロン・マスクが、こんなことを言っていた。「ベンチャー企業の社会における最大の役割は、国家権力への反逆だ」。実業家は、強烈なパッションと凄まじいスピードで前進し続け、国家の方針にも「反逆」するくらいの姿勢や気持ちが重要だ。時には従来の規制の枠をはみ出してしまうことも確かにあるが、そうした溢《あふ》れんばかりのアニマルスピリットこそが社会を前進させるエネルギーになる。社会の常識をアップデートして、新たな「既成概念」を無理やりにでも作っていくのだ。

それらを実践するためには、「先を見通す力」、「やり切る力」、そして何より「挑戦する勇気」を身につけることが大切だ。本書のもとになった『成功の法則92ヶ条』は僕が楽天グループで、このような話題について、社員に向けて話してきたことをまとめたものだった。

実業家として僕がこれまで感じ、考えてきたことの中から、本質的なエッセンスを抽出した。数多くの要素が複雑に絡み合うビジネスは、ひとつの型を持てば乗り切れるというものではない。様々な局面で常に多くの判断が次々に求められるビジネスの現場では、複雑な要素の中から直感的にいくつもの決断をものすごいスピードで下さなければならない。だからこそ、そんな一瞬の判断を下し続けるための「筋力」を、普段から鍛えておく必要がある。

「ビジネスは『サイエンス』と『アート』だ」と言われることがあるが、そのような匠の技を学ぶフレームワークを示した入門編、というわけだ。同書は文庫版も合わせると10万部を超えるロングセラーとなり、現在に至るまで楽天グループの毎週月曜日の全社集会「朝会」や新入社員向けの輪読会のテキストとしても活用されている。

ただ、15年前に出版した当時からすると、先述した通り、世界が大きく変化したことも事実だ。変化の度合いは近年になって、さらに激しさを増している。改訂版となる本書『成功の法則100ヶ条』ではそれに対応すべく、一瞬の判断を生み出す「筋力」をこれからも鍛え続けるために、新たに8ヶ条を加えて「社会変革に挑む上での大切な考え方」を示した。

では、この15年間の変化とはどのようなものだったのか。

楽天グループにとっての最も大きな変化を挙げるとすれば、これまで通信事業者大手3社による寡占状態にあった携帯キャリア事業への参入を果たしたことだろう。

Apple が iPhone を発表した2007年以来、スマートフォンは急速な広がりを見せてきた。さらに、2022年には生成AIが普及し始め、僕たちの生きる世界に構造的な変革を起こした。実際に目に見えている社会とは別の次元に、本当の意味での仮想社会が出現し、日々刻々と急速な成長を続けている、と言えばいいだろうか。

その「変化」が楽天グループの展開するECや金融のビジネスのあり方はもちろん、メディアのあり方を変えたことは誰もが経験している事実だ。今やスマートフォンは電話であり、カメラやビデオであり、百科事典であり、財布であり、ゲーム機でもあり、人類にとって世界への窓口そのものとなった。

もし現代を生きる若者に、「スマートフォンと車のどちらかを選べ」と聞けば、ほとんどの人が前者を選ぶのではないだろうか。スマートフォンとインターネットの組み合わせによって、僕たちは24時間どこにいても、オンラインでつながっていられるようになった。それがこの15年間の最大の変化である。

そんな中、僕が2017年に決断したのが携帯キャリア事業への参入だった。そのとき大きなリスクを取ったのは、誰もが安価で高速なネットワークに接続できる未来が、日本という国のこれからにとって、何よりも重要なファクターだという思いがあったからだ。

スマートフォンの普及によって、携帯キャリア事業の意味合いは大きく変わった。モバイルネットワークが道路だとすれば、その道路自体がインテリジェンスを持つほどに技術が進歩したからである。

今では辺境の国や地域で暮らす子供たちであっても、インターネットとスマートフォンさえあれば、世界最高の学習コンテンツに接することができる。そうした高速道路をも凌駕する重要な社会インフラのサービスとシステムが、限られた通信事業者によって寡占化されているのは問題だった。

また、既存の通信事業者の基地局のシステムが、「専用ハードウェア」というブラックボックスに頼っていることも、大きな課題だと感じた。というのも、通信事業者は自身の持つ基地局のハードウェアをNECやノキア、エリクソン、ファーウェイといったメーカーに外注している。それでは原因のわからない大きな障害が起きてしまったとき、自社だけでは迅速に対応ができない。

そこで楽天モバイルは、従来の「専用ハードウェア」に頼るのではなく、ハードウェアとソフトウェアを分離し、「汎用ハードウェア」で運用する「完全仮想化クラウドネイティブモバイルネットワーク」の開発に挑んだ。通信機能を、シンプルに管理していくためだ。

「完全仮想化クラウドネイティブモバイルネットワーク」という世界でも先進的に商用利用を実現した技術の開発には、もちろんリスクがともなった。多くのユーザーがひとつの基地局に同時にアクセスし、そこで多種多様な情報を処理し、管理しなければならないモバイルネットワークは、当時、ソフトウェアでの管理・運用は不可能だと言われていたからである。

しかし、インターネットの世界では専用機から汎用機への移行が進んだにもかかわらず、携帯電話のネットワークだけは専用ハードウェアでの運用のままでいいのだろうか——。その状況に変革を起こせる可能性に僕たちは賭けたわけだ。この技術を開発し広めることで、世界中のモバイルネットワークを民主化する。それが当時の僕が思い描いた「夢」であり「目的」だった。

楽天のこの挑戦にはひとつの自負がある。それは自分たちの存在がなければ、日本はアメリカの「IT植民地」になってしまう流れが止まらなかっただろう、という思いだ。

今、僕たちはiPhoneやAndroid端末を使い、YouTubeやX、Facebook、Instagram、TikTokといったSNSで情報を発信している。アプリをダウンロードする際はAppleなどに高額な手数料が支払われ、あらゆる情報がアメリカのIT企業を経由している。そうした現状の中で、楽天の存在は日本の最後の砦だという思いを胸に、僕は事業を続けている。

そして、今、世界をさらに大きく変えようとしているのが、サム・アルトマンのオープンAIを筆頭とする生成AIの技術革新だ。

確かに生成AIには著作権やプライバシー、悪用のリスクなどの課題がいまだ多く、今後も様々な問題や議論を巻き起こしていくに違いない。

しかし、僕が社会人になったとき「手書き」だった書類作成が、ワープロの登場によって変わり、その後、パソコンやインターネット、スマートフォンによってさらに効率化されてきたように、生成ＡＩのような便利なツールの進展は決して止まらない。

これまで人間が膨大な時間をかけてやっていた作業は一段と効率化され、日常生活のあらゆる場面でＡＩが活用されるようになる。よって、今後、ＡＩをツールとして使えない人材は、「計算機」や「パソコン」が使えないのと同じになっていく。

ＡＩはかつての様々なサービスがそうであったように、多くの問題を吸収しながら必ず成長し続ける。その中で、僕たちは生成ＡＩという技術に使われるのではなく、それをいかに使いこなすかをしっかり考えていかなければならない。本書に示したフレームワークは、そのためにも有用であるはずだ。

挑戦には常にリスクがともなう。

僕にとって携帯キャリア事業に参入する「リスク」は、日本興業銀行（現みずほ銀行）を辞めて起業したときに比べれば些細なものだとも思えた。１９９７年当時は、そもそもインターネットの普及もまだ限定的で、インターネット上でのショッピングモールは絶対に成功しないと世界中で言われていた時代、海の物とも山の物ともつかない楽天市場を、安定した銀行員の立場を捨てて始めたのだから。

そうしたリスクを取るときに必要なのは「馬力」と「しつこさ」、そして、もうひとつが「揺れることへの耐性」だ。
「オンラインで本を売ろう」と考えたジェフ・ベゾスだって、「3000個の電池をつないだら速い電気自動車ができる」と思ったイーロン・マスクだってそうだったと思う。

彼らの手法は必ずと言っていいほど現状の社会のあり方と激しく衝突し、様々な軋轢を生んできたのではないだろうか。そんなとき、それでも彼らはブレーキを踏もうとしない。そこに僕は「未来」を確信する人間の特徴を見る思いがする。

実際に誰も見たことのない未来を作り出すためには、失敗するリスクやできない理由はいったん横に置いておく、圧倒的な行動力が欠かせない。僕はいつも「人間の頭の中にはアクセルとブレーキがある」と言っている。だけど、ここで大事なのは、アクセルを踏むことより、自分でブレーキを踏まないことだと思う。物事を進めるにあたって、一般的には、「目の前にどんな障害があっても、アクセルを踏み込んで突き進んでいく」というイメージをどうしても持ちがちだ。でも、アクセルを踏み込む力なんて、人によってそう変わるものではない。頭の中のアクセルを全開にしているというよりは、むしろ「ブレーキを踏むつもりがない」と表現する方が、彼らのような人物が物事に取り組む姿勢を理解しやすいと僕は思っている。そうした原動力が、社会にイノベーションをもたらし、未来を切り開くことにつながる。

あのイーロン・マスクでさえ、7、8年前のことを考えれば、「テスラは終わりだ」と言われるほどの苦境の中にいた。今や時価総額にして約1兆8000億ドルのアマゾン・ドット・コムにも、ITバブルが崩壊した2000年からの10年間、株価が著しく低迷した時期がある。Appleもスティーブ・ジョブズが戻ってくる前は倒産寸前の企業だった。

ビジネスには良いときもあれば、悪いときもある。しかし、どんな環境の中でも数学の難問を粘り強く解くように、険しい山をそれでも登っていくように、冷静に現状を楽しむ姿勢がなければ成功は望めない。

では、「物事を冷静に楽しむ」ためには、どんな姿勢が必要なのか。

ひとつ言えるのは、周囲の貴重な意見を参考にする柔軟さと、周囲の人が不可能と言うことでも「できる」と信じる鈍感さ——一見すると相反する2つの姿勢を自分の中に持つことだ、と僕は考えている。

日々、僕たちが物事に取り組むとき、意識しておかなければならないことがある。それは外から見えている道と、自分が見ている道は必ずしも一致しないということだ。

とりわけ世の中を変えるようなブレイクスルーを生み出す際は、他人から見れば「不可能」と思える道を、自分だけが見定めていなければならない。周囲の貴重な意見を参考にしながら、最後には自分の信じた道を周囲の声など気にせず、猛然と前へと進む「鈍感力」が必要なのだ。

そうした姿勢を培う上で意識すべきなのが、本書にも記した通り、「概念を相対化する」という力である。

世界は相反する価値観が表裏一体となって作られている。

強いリーダーシップと独裁政治、資本主義と共産主義、右派と左派……。物事は複雑になり過ぎるとシンプルさが求められ、逆にシンプルであり過ぎるときは複雑さの方に目を向ける必要が出てくる。

表裏一体の考え方のバランスの中で、常に振り子のように揺れ動いていくのがビジネスというものだ。そして、その振り子の「振れ幅」の大きさを強みとしてきたのが、力強い経済成長を続けるアメリカだった。

一方で日本はどうだろうか。

1999年から2023年までにアメリカの経済は5倍に成長した。その間に日本は1・3倍。24年間でそれだけの差がついたわけだ。

これは誰の責任なのか。

日本の衰退の本質的な原因には、アメリカのように「振れ幅」を許容しない「減点法」がまかり通っている社会がある、と僕は思っている。

今、人口減少と高齢化が進む日本では、優秀な人材が海外に流出し、産業の相対価値が下がり続けている。調和を重んじる社会は日本の良さでもあるが、調和型社会にはリスクやイノベーションを嫌うという決定的な弱みがある。日本人には変わることを嫌う性質があり、新型コロナウイルス感染症の流行のような大きな出来事がない限り、「現状維持」を続けようとしてしまう。

現状維持や減点法の中で何もしないことが評価されてしまう状況に、日本はがんじがらめにされてしまっているのではないだろうか。中庸的で単一的な考え方が良しとされることが、日本の最大の弱みなのだ。そして、今後もそのような現状維持を続けるようであれば、日本は「失われた30年」をさらに長く続けてしまうに違いない。

経済を大きく成長させるイノベーションを起こすためには、未来を作り出そうとする挑戦に対して寛容で、失敗を許容する社会の雰囲気の醸成が不可欠だ。ビジネスにとって失敗は糧であり、それが花開いた際の伸びしろの大きさにこそ目を向けなければならない。

日本では政治家や官僚が常に既得権益を守ろうとし、バランスを取ろうとするばかりだ。だから、産業やビジネスを通して世の中を変えていこう、というリーダーも生まれにくい。

日本はアメリカがそうであるように、「振れ幅」を持つ国にならなければならない。世の中に絶対的に正しいというものはない。ひとつの考え方には逆の考え方が常にあり、それらもまた、時代の流れによって揺れていく。

ビジネス、政治、イノベーション……すべてがそうだ。

そして、世の中を大きく変革するイノベーションは、その揺れが激しければ激しいほど生まれやすいものなのだ。

その意味で、本書は自分の中に「振れ幅」を持ち、存分に揺れるためのテキストでもある、と言える。

ビジネスにおいて伸び悩んでいるとき、自分の歩いてきた道の「正しさ」を確認したいとき……。この本に詰まったエッセンスに触れることによって、様々なインスピレーションを得ることができると思う。

繰り返すが、今、世界では通貨や物の移動が目に見えるリアルな経済から、あらゆる情報、コンテンツが劇的に進化するバーチャルな経済への移行、という地殻変動が起きている。

その地殻変動に対応するためには、どんな考え方が必要なのか。『成功の法則100ヶ条』に詰められたエッセンスを活用することで、未来を作り出す力をぜひ鍛えて欲しい。

目次

第2章 自己を鍛える

第3章 敵を知る（対人論）

第4章 組織を動かす

第5章 百戦して勝つ

第6章 世界観を育てる

第7章 未来を生き抜く

第1章

10の極意

この章の10ヶ条は、僕のビジネス哲学の根本でもある。
成功のために何が重要かを考え抜いて、重要な順番に並べてみた。
この章だけは、最初から順番に読んで頂ければと思っている。

01

概念は相対化し、揺らぎながら進化する。

概念が相対化するのは、どんな概念も絶対ではないからだ。

世の中に絶対はない。

光があるから、陰がある。陰がなければ、光もない。

たとえば暗闇で裸電球をつければ、それは明るい光そのものだけれど、真っ昼間の太陽の下から裸電球ひとつの部屋に入れば、感じるのはむしろ暗さだ。

この世のすべてのものは、相対的な存在なのだ。

まして、人間が考えることで、絶対に正しいものなどあるわけがない。

ゆえに、常識などという不確かなものを信じてはいけない。

これは、人生に対する僕の根本的な考え方だ。

もっと言ってしまえば、世の中の常識なんていい加減なものだと思っている。

常識に囚《とら》われるなということは、世のビジネス書でうんざりするほど繰り返し述べられている。にもかかわらず、なぜ世の人々は常識に囚われているのだろう。

その理由を、真剣に突き詰めて考えてみるべきだ。

どんな考え方にも、長所があるし、短所がある。だからこそ、人間が社会を構成するようになってから何千年の歳月が流れたかはわからないけれど、いまだに人類はこれなら絶対に間違いないという社会のあり方を見つけられないでいる。

おそらく、永遠に見つけられないのだと思う。

哲学も思想もイデオロギーも、驚くほど簡単に、右へ揺らぎ、左へ揺らぎながら進歩してきた。確かなものは何もない。人間の社会は、そういうものなのだ。

けれど、確かなものは何もないからといって、何も価値がないというわけではない。

大切なのは、揺らぎながら進歩しているということだ。歩き始めたばかりの子供はよく転ぶ。それは歩くという運動には、バランスを崩すことが欠かせないからだ。歩くためには、足を前に踏み出して、バランスを崩さなければならない。バランスを崩しては、バランスを回復する。その繰り返しによって、人は前へと進むのだ。

文明や社会の進歩も、本質的には同じことだろう。おそらく進化の本質は、その揺らぎの中にある。

これは、抽象論ではない。人生のあらゆる局面で、この認識は重要な役割を果たす。ビジネスの現場で役に立つことは言うまでもない。

バランスを失って、倒れることを恐れてはいけない。子供は転びながら、歩き方を覚える。歩き始めて半年も経《た》てば、もうめったなことでは転ばなくなる。

僕が楽天市場を始めたとき、インターネットのショッピングモールなんてアイデアは陳腐で時代遅れだとすら言われた。そう言っていた同じ人たちが、25年以上経った今、何と言っているか。

世の常識なんていい加減なのだ。絶対に正しい考え方など存在しない。

常識を疑い、常識に反することを恐れず、自分の信じる道を進もう。

概念は常に、揺らぎながら進化していくのだ。

02

月に行こうという目標があったから、アポロは月に行けた。飛行機を改良した結果、月に行けたわけではない。

人も企業も、大きく成長するには、ブレイクスルーを経験しなければならない。

ブレイクスルーとは、限界を超えること。壊せないはずの壁を壊し、自己の限界を突破して、はじめて次なるステージが見えてくるのだ。

問題は、その壁がよく見えていないということだ。自分の限界がどこにあるかなどということは、スポーツ選手は別として、普通の人はまず考えないものだ。

その壁をはっきりと見せてくれるのが目標だ。

ジョン・F・ケネディが、60年代末までに月面に人を送り込むという声明を発表したのは1961年5月25日のことだった。その演説の背景には、アメリカ人のスプートニク・ショックがあった。スプートニクは、旧ソビエト連邦が打ち上げに成功した人類初の人工衛星だ。当時、アメリカ合衆国はまだ人工衛星の打ち上げに成功していなかった。仮想敵国のソ連に先を越されたという思いが、アメリカ人の自信を叩き潰していたのだ。しかもケネディの演説の1ヶ月前に、ソ連は有人人工衛星の打ち上げにまで成功していた。ユーリ・ガガーリンが、肉眼で地球を見下ろした最初の人間になったのだ。

アメリカ中に蔓延していたそのショックを払拭するために、ケネディは月に人類を送り込む計画を発表したというわけだ。アメリカ国民の心を奮い立たせるのに、それ以上に効果的な演説はなかった。「いつか」ではなく「60年代が終わるまでに」、つまり9年以内にその計画を達成すると期限を切ったのが、何より秀逸だった。

人工衛星の打ち上げにすら苦労しているというのに、38万キロも離れた別の天体に人間を送り込もうというのだ。しかも、9年以内という期限まである。

それこそ一般人の常識で考えれば、ほとんど不可能な目標だったはずだ。

けれど、不可能だったからこそ、それは高らかな雄々しい目標になることができた。

合理的な確信など、ケネディにはなかったはずだ。ただ彼は、その不可能が覆せると信じたのだろう。

その不可能に思える目標は、宇宙開発に携わる人々に、自分たちの前に立ち塞《ふさ》がる壁の存在をはっきり自覚させたに違いない。彼らの前に、何十何百の壁が立ち塞がっていたかはわからない。ひとつ確実に言えるのは、そのすべての壁を彼らが乗り越えたということだ。つまり何十何百というブレイクスルーを成し遂げ、1969年7月20日午後4時17分(アメリカ東部夏時間)、アポロ11号は月面に着陸する。

この世に不可能なことなどない。不可能はいつか必ず可能になる。

そう信じることのできる人間が、どれだけ出現するかで人類の未来は変わるのだ。アポロ11号の月面着陸は、間違いなくそのことが影響したと僕は思っている。

そしてそれは、ケネディ大統領が「9年以内に月着陸を成功させる」という、明確で具体的な目標を掲げたからこそ成し遂げられたことなのだ。飛行機の改良を続けたら、いつの間にか月に行けたという話では断じてない。

これは、あらゆるビジネスについても当てはまる真理だ。漠然とした成長などない。人も企業も、日々のルーティン・ワークを漠然とこなしているだけでは、絶対に成長などできない。明確で具体的な目標を立て、その目標に向かって全力を尽くすことが、成長には不可欠なのだ。

大きな目標を立てよう。それも、必ず実現させるという信念で、期限を決めて、はっきりと具体的な目標を立てるのだ。その目標こそが、人や企業を飛躍的に成長させる。

03

グループとは？　それぞれが決まった役割しかしない集団。チームとは？　自分の守備範囲を超えてカバーし合う集中力の高い組織。

楽天では月曜日の朝、社員全員で自分たちの職場の掃除をすることになっている。社員全員あわせても10人に満たなかった時代から、ずっと続けている習慣だ。

新入社員も役員も関係ない。全員で徹底的に掃除する。床に膝《ひざ》をついて、椅子の脚まで磨く。会社の仕事で自分に無関係なものなどひとつもないのだということを、僕自身も含めて社員全員が確認するためにやっている。

会社の仕事は、すべて自分の仕事なのだ。心の底から、そう思えるかどうか。そう思えないような人間は、ビジネスでは絶対に成功しない。

組織が大きくなれば、現実問題として役割分担をしなければならなくなる。けれど、役割分担がしばしば行き過ぎる。企業が大きくなればなるほど、この傾向は強くなる。その結果、社員は自分の与えられた役割をこなすのが仕事で、その役割以外のことをするのは間違いだとすら考えるようになる。実際に、ほとんどの大企業がそうなっている。

それこそが、いわゆる大企業病の根源だ。

自分の与えられた役割しか果たさない人間が何千人集まったところで、そんなものは烏《う》合《ごう》の衆に過ぎない。組織という名にすら値しない。組織はいつも、単なる烏合の衆のグループではなく、各人がそれぞれの守備範囲を超えてカバーし合う、ひとつのチームになることを目指さなければいけない。

あらゆる仕事は、一種の戦争なのだ。

勝負であるからには、勝たなければ意味がない。そして必ず勝つためには、組織を構成するひとりひとりのメンバーが、自分こそがこの組織を背負っているのだという意識を持っていなければならない。

そういう人間の集まりを、正しい意味でチームと呼ぶのだと思う。

読者が経営者や管理職なら、自分の会社なり職場なりをそういうひとつのチームに育てられるかどうかが勝負の分かれ目ということになる。そしてもし従業員なら、常に集中力を途切れさせることなく、チームの一員として仕事に取り組めるかどうか。それが、自分の一生を左右するくらい重要なのだということを肝に銘じよう。

給料分だけの仕事をすればいい。給料分より多くの仕事をするのは、損だなどと考えているとしたら、それは自分の人生をドブに捨てるのと同じことだ。なぜなら、そういう姿勢で働くということは、自分の時間を単に切り売りしているに過ぎないから。切り売りできるほど、人間は長い人生を与えられていない。30年や40年という歳月は、切り売りしているうちにあっという間に消えてしまう。

たとえ新入社員でも、平社員でも、自分がこの会社の主人公であり、自分こそが会社を背負っているのだという意識で仕事に臨むべきだ。チームの全員がこの意識を共有してはじめて、組織はその本当の能力を発揮する。そして、そのことが自分の才能を輝かせるのだということを知ろう。

どんな優れたレーサーも、マシンが駄目なら勝てない。メンバーとチームの関係も同じだ。優れた組織で仕事をしてこそ、自分の能力も最大限に生かせるのだ。

04

できるビジネスパーソンになるためには、「マインド」「スキル」「ナレッジ」が必須。

漠然と成功を夢見ているだけでは、何年かかっても絶対に成功することはない。成功は運ではない。成功は自分の手で摑むものだ。だから、成功する人間は成功する。成功しない人間は絶対に成功しない。成功する人間と、成功しない人間。世の中には2通りしかいないのだ。成功する人間には、共通する3つの要素がある。

それが、「マインド」「スキル」「ナレッジ」だ。

マインドは仕事への意欲と言い換えてもいい。仕事に対するあらゆるモチベーションの源泉だ。成功したいとか、お金持ちになりたいとか。あるいは、お客様を満足させたいという気持ちも、ある種の意欲だ。スキルとは、すなわち能力。例を挙げるなら、コミュニケーション能力も、事務処理能力も、ビジネスに有用な能力のひとつだ。自己管理能力もひとつのスキルだろう。そしてナレッジは知識。ビジネスにおいて、様々な知識が役に立つことは言うまでもない。

本当に有能な人間は、この3つの要素を兼ね備えている。

ところが、最初からこの3つの要素をバランス良く備えているという人は少ない。知識は豊富でも、意欲が足りないとか。意欲はあるが、スキルに欠けるとか。客観的に自分を分析して、どの要素が弱点になっているかを知ることだ。弱点がわかれば、克服する方法も見つかる。自分の弱点を克服すれば、ビジネスで成功する可能性は格段に高くなる。

ひとつ注意したいのは、スキルの高い人だ。スキルというものは、多分に先天的なところがあって、コミュニケーション能力が高い人は、生まれつきコミュニケーション能力が高い。そういう人が、たとえばセールスマンになると、特に努力などしなくても最初から抜群の成績をあげてしまったりする。普通はそれがその人間の天職ということになるのだろうけれど、実はそこに落とし穴がある。

持って生まれた才能だけでは、本当の意味で成功するのは難しいのだ。自分を高める努力を続けなければ、本当の意味での成功を手にすることはできない。

才能に恵まれているばかりに、その才能だけで誤魔化して、努力というか勉強をしない人があまりにも多い。特にどういうわけか日本では、社会人になった途端に、勉強をしなくなる。仕事をするようになってこそ、勉強は重要な役割を果たす。ナレッジ、すなわち知識が大切だというのはそういう意味だ。たとえ自分がスキルに恵まれていなくても、勉強によってかなりの部分を補うことはできる。話し下手なのに、優秀なセールスマンというのはいくらでもいる。むしろ、評判になるような優れたセールスマンが、実はコミュニケーション能力にコンプレックスを持っていたという類《たぐい》の話は珍しくはない。

努力と工夫によって、スキルの壁を乗り越えられるのがビジネスなのだ。だからこそスキルだけに頼らず、常にナレッジを蓄積して、自分を向上させる努力を続けなければいけない。ビジネスのアイデアを発想するための分析力も判断力も、基本的には才能に属する能力だが、それは日々の訓練によって伸ばすことができる能力でもある。

自分を伸ばそうという意識があれば、日常的に何気なく読んでいる新聞や雑誌、インターネットの情報も、アイデアの宝庫であることに気づくだろう。街を行く若者の様子を見ているだけでも、ビジネスのアイデアはいくらでも湧いてくるものなのだ。

05

自己否定からすべては始まる。

世の中に絶対はない。

ということは、自分も絶対ではないということだ。

この世に存在するあらゆるものは、いつか必ず滅びる。永久不変のもの、常なるものなどひとつもない。すべては、無常なのだ。自分だけがその例外であるはずはない。

ビジネスに取り組むなら、いつも腹の底でこの覚悟をしておくべきだ。

仕事が順調に進んでいるとき、成功しているときには特に。

物事が上手《うま》くいっていると、人はどうしても自分に自信を持つ。自分が優秀で、自分のやり方が間違っていないから、自分は成功したのだと思ってしまう。

もちろん、自信を持って仕事をするのは悪いことではない。だが、その自信はむしろ仕事が上手くいかないときにこそ発揮すべきものだ。周囲が敵だらけで、成功の見通しのまったくつかないときにこそ、自分に自信を持って、胸を張って前に進めばいい。

けれど、成功したら、そんな自信はさっさと捨てるべきだ。

成功したときこそ、謙虚になろう。この成功は偶然なのだと思うくらいでちょうどいい。世の中の流れというものに、たまたま自分たちの手法が上手く乗っただけのこと。世の中が変わってしまえば、たちまち仕事は上手くいかなくなる。

成功が100%偶然とは言わない。99%は努力の結果かもしれない。けれど、残り1%の偶然がひっくり返れば、惨憺《さんたん》たる失敗に終わっていたかもしれないのだ。

そして、その逆転は明日起きるかもしれない。

そんなことを考えたら、不安でたまらなくなると言うかもしれない。

僕はその不安こそが、仕事の糧《かて》になると思っている。

成功にあぐらをかいて自信満々でいることの方が、よほど不安だ。

今はどんなに盤石に見えるビジネスモデルにしても、10年、20年という年月の単位で考えれば砂上の楼閣、砂で作った城とたいして変わりない。

すべてのビジネスは、コワレモノなのだ。

社会は川のようなもので、一瞬たりとも静止することはない。ビジネスをとりまく状況は、刻一刻と変化する。

今成功しているビジネスは、将来必ず駄目になる。いつもそのことを前提に、準備をしておかなければいけない。

そのために、自己否定する勇気が必要なのだ。

自己否定とは、自分のすべてを否定することだ。

自分の考え方、自分の仕事のやり方、自分の生き方。今までの人生の中で、自分が拠《よ》り所《どころ》としてきたすべてのものを、否定してしまうことだ。難しいのはよくわかる。

けれど、そうしない限り、新しいものを創造することなどできはしない。過去の成功にしがみついている限り、未来の成功を手にすることはできないのだ。

成功しているときにこそ、自分を疑うこと。自分のやり方が、すべてではないと肝に銘じること。そして、完全なゼロからスタートする勇気を持つこと。

初心を忘れないとは、そういうことだと思う。

そして、いつも真っ白な気持ちで、新しい方向性、より良い方法を模索し続けよう。

それが、成長し続けるための秘密なのだ。

06

ブランドは国旗。

これからの企業は、ひとつの国のようなものになるだろう。

国家の本質とは何か。領土でもなければ、通貨でもない。国民ですらないと、僕は思っている。20世紀までなら、それで良かったのだろう。けれど、インターネットの出現によって、そういう国家観は根本的に変質せざるを得なくなった。

ありとあらゆる情報が国境の壁を易々《やすやす》と越えて、行き来するようになってしまったからだ。インターネットを過小評価する人は、たかが情報ではないかと言うかもしれない。

確かに、情報には実体がない。それは、人間の脳の産物であって、あくまでもヴァーチャルな存在だ。けれどそれを言うなら、通貨も、国境も、国民も、人間の脳が生み出した概念でしかない。国家の本質と考えられているもののすべては情報なのだ。そして、情報である以上は、インターネットの影響を受ける。国境に高い壁を築けば、人や物の行き来を一時的に堰《せ》き止めることはできるかもしれない。けれど、長くは続かないだろう。インターネットが存在する限り、情報の流れを遮断することは本質的に不可能なのだ。ベルリンの壁が東西のドイツ国民によって壊されたように、情報の流れによって国境はなし崩しに消え去っていく。通貨にしても同じだ。インターネットによって、国家の概念も、通貨というものの意味合いも、ますます希薄で曖昧《あいまい》なものになっていく。そして、そういうことと反比例して、企業の存在感が大きくなっていく。

社会における企業の存在が大きくなれば、企業の社会的責任は重くなる。企業が国際間にまたがるほど巨大になれば、その責任も巨大なものになる。単純に営利を求めるだけでは、当然のことながらその責任を果たすことはできない。

これからの企業には、自分たちの理想やイデオロギーを明確に打ち出す姿勢が不可欠になるだろう。自分たちがどういう社会を目指してビジネスを展開しているのか。旗幟《きし》を鮮明に打ち出せるか否かが、企業が大きく成長できるかどうかを左右するはずだ。

そういう意味で、ブランドは国旗だと僕は思う。

楽天は、インターネットで人々と社会をエンパワーメントするという国旗を掲げている。個人の才能や努力を後押しするために使ってこそ、インターネットという道具は本来の力を発揮すると信じるからだ。現代においては、個人を力づけることこそが、豊かで幸福な社会を実現することにつながると確信しているからだ。

ブランドは所有する人のステータスを示すものではなく、所有する人の理念を表すものになっていくだろう。個人の消費活動は、ある種の〝投票〟の役割を果たすことになる。

多くの人の支持を得た企業がより大きく成長し、その企業の理念が社会を変えていくことになる。だからこそ、ブランドという国旗を大切にしなければいけない。

読者が企業に所属しているなら、どんな国旗を掲げているかご存じだろうか。その国旗を信じるなら、その国旗のために全力で仕事をするべきだ。もし、国旗が明らかでないなら、新たな国旗を創るべきだ。国旗を創るのは、経営者である必要はない。経営者が旗幟を鮮明にしないのなら、その企業のために働く人間の総意が創る国旗があってもいい。

何の理想も信念もなく、ただひたすら企業のために身を捧げるという時代はすでに過去になったと僕は思っている。

07

インターネットは、情報の流れ、金の流れ、物の流れを根本的に変える革命。

1997年、楽天市場を開設するにあたって僕は『4つの仮説』を立てた。

『仮説1　インターネットは、もっと簡単に、もっと便利になる』
『仮説2　インターネットは、爆発的に普及する』
『仮説3　日本人は、インターネットでモノを買うようになる』
『仮説4　インターネットで流通が変わる』

10年を経ずして、この4つの仮説はすべて現実になった。

解説好きの人は、そんなことはインターネットがこの世に生まれたときから、誰でもわかっていたことだと言うかもしれない。インターネットのことが少しでもわかっている人間にとっては、仮説というにはあまりにも陳腐な、当然の予想であったのだと。

それほど自明のことなら、なぜ27年前に僕と同じことを始めなかったのだろう。

先見の明を自慢したくて、こんな皮肉を言うわけではない。

世の中の人々が、あまりにも未来に目を向けないと言いたいのだ。

すでに起きてしまったこと、過去のことについては、いくらでも解説できる目を持っているのに、その目を未来に向けようとはしない。明日のことすらわからないなどと、平気で言う。それは慎重だからではなく、単に怠惰なのだと思う。

明日、何が起きるかなど誰にもわからない。それは事実だ。けれど、その不確定の闇の向こう側に、未来の姿を見る努力なくしては、未来を開くことなどできはしない。

この27年間の楽天の成長の秘密を分析するなら、その同じ分析力をこれからの未来に向けるべきなのだ。そういう目で未来を見れば、はっきり予測できることがひとつある。この27年間で、インターネットは社会を大きく変えた。けれどその変化は、これから先の変化に比べればほんの些細《ささい》なものに過ぎない。これからの10年ないし20年で、インターネットはさらに世界を激変させてしまうだろう。

地球全体に広がったインターネットという未曽《みぞう》有の大河の流れを堰き止めるのは、もはやどんな社会体制や権力をもってしても不可能だ。

その結果として、情報の独占によって維持されてきた既得権益の大半は確実にその存在基盤を失うことになる。既得権益を守ってきたあらゆる制度や体制が崩壊し、インターネットの存在を前提とした新しい世界が生まれようとしている。

インターネットが世界を激変させるというのは、そういう意味だ。

我々は人類の長い歴史の中でも、前代未聞の規模の変革期に生きている。

ビジネスに取り組むなら、そのことをいつも肝に銘じておこう。

この変革期を通り抜けて、どんな社会を人間が創り上げることになるのか。その鍵を握るのが、ビジネスなのだと僕は思っている。

かつて、人は政治と戦争によって、新しい秩序を創り上げた。

もはやそういう時代は、過去になりつつある。

新しい秩序を作るのは、現代の地球に生きるすべての人々の営みであり、その営みに基づく経済活動、すなわちビジネスなのだ。

08

インターネットはすべての知識と情報をデータベース化し、インデックス化する。無機質な検索はコモディティ化し、有機的なサービスは差別化されていく。

インターネットの本質的な機能は、人類の知識と情報を連結することにある。

インターネットが出現する以前にも、人間はもちろんそのための道具を持っていた。言語であり、文字である。人間は言葉という道具を媒介にして、知識や情報を共有してきた。

この能力があったからこそ、人間という非力な動物が、他の動物を圧倒して地球に君臨することができたのだ。手紙や書物、さらには通信という〝技術〟が、この知識や情報の共有をさらに緻密《ちみつ》で広範なものにした。

インターネットという発明が、その延長線上にあることは言うまでもない。

ただし、知識と情報を共有する〝技術〟という意味において、インターネットはそれ以前の発明とは次元の違うレベルにある。少なくとも理論的には、空間的な制約に阻まれることなく、人類のすべての知識と情報を連結することが可能なテクノロジーだからだ。

これは恐るべきことだ。SF的な表現をするなら、インターネットに接続するということは、一人の人間が人類全体の脳とアクセスするということでもある。

もっとも、膨大な情報を連結するだけでは、何の意味もない。

情報はデータベース化し、インデックス化しなければ、積み上げたゴミの山よりも無意味だ。干し草の山から1本の針を探すという喩《たと》えがあるけれど、インターネット上に存在する何億という情報源の中から1本の針、つまり必要な情報を瞬時に探し出すテクノロジーがなければ、インターネットの価値は半減する。この意味において、グーグルの果たした役割は大きい。その他の検索エンジンの開発者には申し訳ないけれど、グーグルが存在しなかったら、インターネットはこれほど普及しただろうかとすら思う。

けれど、将来的に考えるなら、そういう検索システムは陳腐化すると僕は思っている。いかに優れた検索エンジンも、機械的なシステムである限り、たとえば電話機や洗濯機と同類の、日用品と化してしまうはずだ。グーグルが高く評価されるのは、人類が発明した最初の自動車のようなものだからだ。現時点ではグーグルほど高性能の自動車が存在していないというだけの話で、同じ性能をもった自動車が発明されれば、グーグルの優位性が相対的に低下することは明らかだ。それが、テクノロジーの限界で、つまり便利な道具であればあるほど、遅かれ早かれ模倣され、埋没する運命にある。

テクノロジーがどれだけ進歩しようと、人を惹《ひ》きつけるのは人間味のある、人間的なサービスなのだ。僕はこの有機的な、人間的なサービスこそが、インターネット・ビジネスの鍵だと考えている。急速に進歩するテクノロジーに目を奪われて忘れてしまいがちだけれど、そういう時代だからこそ、テクノロジーだけでは競争に勝てないこと、テクノロジーだけでは自らを差別化できないということを、深く心に刻んでおくべきだ。

どんな時代であろうと、人の心の琴線に触れることなくして、ビジネスの成功はあり得ないのだ。

09

考えて行動するのではなく、考えるために行動する。

考えているだけでは、物事は何も動かない。

ビジネスの現場においては、あれこれ考えるよりも、まず行動することが大切だ。

もちろん行動する前に、あれこれと考えてしまうのは仕方がない。まったく何も考えるな、などとは言わない。というよりも、考えることがなによりも大切なのだ。何も考えずに、ビジネスで成功するなどということはあり得ない。

より良く考えた者が成功するのが、ビジネスの鉄則であることは言うまでもない。

僕が言いたいのは、本当に考えるためには、行動しなければならないということだ。

行動するために、自分は考える。そう考えるのが、そもそも間違いのもとだ。考えるために、自分は行動する。そう思えばいい。

仮想現実は、本物の現実のフィードバックがあってはじめて意味を持つ。つまり、行動があって、はじめて考えることに意味が生じるのだ。

ラケットも持ったことのない人間に、いくら言葉でテニスの技術を教えても徒労に終わる。まずラケットと、ボールを握らせる。見よう見まねで、ボールを打たせる。現実にテニスをやらせて、それから教えた方が何倍も効率がいいに決まっている。

ビジネスだって、まったく同じことなのだ。

にもかかわらず、ああだこうだと考え、理屈を言うだけで、何も行動しない人間があまりに多い。考えるのは、何も行動しないための言い訳なんじゃないかと思えるほどだ。

もちろんビジネスの世界での行動には、様々なリスクがともなう。行動に躊躇《ちゅうちょ》がともなうのは自然のことだろう。だからこそ、考えるために行動するのだ。

考えるための行動だから、大きく動く必要はない。たとえば、ひとつのビジネスモデルを思いついたら、まずそれを小規模に展開してみる。そして、その結果をベースに考えるのだ。この小さな実験が、ビジネスの成功のためにはきわめて重要だ。どれだけ苦労して集めた膨大な情報よりも、ひとつの実験の方がはるかに大切な思考材料になる。

小さくていいから、まず初動を起こすこと。それから、考えればいい。そして、次の行動を起こす。また考える。さらに、行動する。

その繰り返しが、ビジネスを創造するのだ。

壁にボールをぶつけたら、どう跳ね返ってくるか。運動方程式を使って、その結果を計算することは可能だ。けれど、現実の壁には歪《ゆが》みもあれば凹凸もある。理論値通りにボールが返ってこないのが、現実の世界なのだ。

もちろん、その歪みや凹凸まで、計算に入れることだってできなくはない。

けれど、そんな煩雑な作業に時間を費やすよりも、まずは現実の壁に向かってボールを打ってみよう。その方が遥かにたくさんのことを教えてくれるし、なによりも頭の中で悶々《もんもん》と考えているよりも、その方がずっと楽しい。

最後にもうひとつ秘密を教えよう。

現実の壁に向き合ったときは、思わぬ方向にボールが跳ね返ってしまうことを恐れてはいけない。

むしろ、チャンスはその思わぬ方向に隠されていることが多いのだ。

10

0・1%の改善の積み重ねが、成功を生む。そして、大きなチャンスを的確に摑みとれる。そういう人を運がいい人と言う。

誰かが成功すると、人はその運の良さを羨《うらや》む。

気持ちはわかるが、他人が成功した理由を運の良さに帰結させる人間は、永遠に成功を手にすることはできない。なぜなら、どんなに大きなチャンスがあったとしても、準備のできていない人間にはそれに手を触れることすらできないからだ。チャンスがそこにあることさえ、おそらくは見えないだろう。

サーフィンの練習をしていない人間は、どんな大波が来ようともその波に乗れないのと同じことだ。楽天がＩＴバブルの波に乗って成長したのは事実かもしれないけれど、準備ができていない人々にとって、その大波は災厄以外の何物でもなかった。チャンスという大波に乗るためには、周到な準備が必要なのだ。

問題はどういう準備が必要かだけれど、結局のところそれは日々の小さな努力の積み重ねでしかないと思っている。

単純に日々の仕事を真面目にこなすだけでは足りない。僅《わず》かでもいいから、昨日よりも今日、今日よりも明日と、進歩し続けなければいけない。どんな高い山を目指す登山家であろうとも、今この瞬間にやらなければならないのは、一歩前へ足を踏み出すことでしかない。ビジネスで言うなら、毎日0・1％でもいいから、自分たちの仕事の質を高めていくということだ。1日0・1％の改善でも、1年間続ければ44％もの改善になる。その改善の積み重ねが成功につながる。そして、その努力を続けられた者だけが、チャンスという波に乗ることができるのだ。

そのためにも、自分の仕事を他人事《ひとごと》のように客観的に見る癖をつけよう。他人の仕事のアラを探すのは簡単だ。それは、他人の仕事を客観的に見ているからだ。その客観的な目を、自分に向けるのだ。改善すべき点は、いくらでも見つかるはずだ。

もちろん、ひとつひとつのアラには、それなりの理由があるだろう。時間がない。仕事が多すぎる。人手が足りない……。他人事なら、そんなものなんとかなるはずだとわかるのだが、自分のことだと上手くいかない。そこには、個人的な事情というものがあるからだ。情けない話だけれど、誰でもそういうものなのだ。

けれど、これは逆に言えば、そこでちょっと頑張れるかどうかで、大きな差がつくということでもある。時間がないなら、明日は早起きをして、10分でも早くデスクにつく努力をしてみよう。それも0・1％の改善なのだ。

重要なことは、そういう0・1％の努力を毎日続けること。思いついたときにやるのではなく、毎日その努力を積み重ねるための、自分なりの仕組みを作ること。

具体的に言えば、できるだけ短い単位で自分の仕事を客観的に眺めるために、記録をつけるのだ。僕は、1日単位の日報をつけることをお勧めしたい。これは、楽天でもやっていることだ。単位を短くすれば、記録するのにかける時間も短くて済む。0・1%の改善を常に続けているかも、一目瞭然でわかるというわけだ。

地道な作業ではあるけれど、その地道な作業の積み重ねが、大きな結果を生む。

それが、大波に乗るための秘訣《ひけつ》であり、〝運のいい人〟になるための方法論なのだ。

第2章

自己を鍛える

自己を確立することが、成功への第一歩になる。
自分の弱点を知り、常に成長していくための方法論を考える。

11 我々はプロのビジネス選手。

一言で言えば、他の何よりも自分の仕事を楽しめる人がプロフェッショナルなのだと僕は思う。自分の仕事が好きで好きでたまらない人は、1日24時間、1年365日、何をしていようとも、心の底では仕事のことを考えている。そういう人には、成功の秘訣は何かなどと教える必要もない。すでに、その人は成功しているからだ。

仕事が生き甲斐という以上に、素晴らしい人生はない。

人は仕事をするために、生まれてくるのだとすら僕は思う。

問題は、そういう風に自分の仕事と向き合えないときに、どうするかという話だ。

程度の差こそあれ、おそらくほとんどの人がそうなのだと思う。

現在の仕事に熱意が持てないとか、自分が本当にやりたい仕事は他にあるとか、事情はいろいろあるのかもしれない。ここでは、その話はしない。それは自分で考えるべき問題だからでもあるが、それ以前の問題として、とりあえず一度はとことんまで目の前の自分の仕事に取り組んでみるべきだと思うからだ。そこまで打ち込んでみて、それでもこれは自分のやりたい仕事ではないと思うなら、転職でも起業でもすればいい。けれど、全力で取り組みもしないで、これは自分の仕事ではないなどと言っているのなら、他の仕事に就いてもおそらく同じことだ。一事が万事というけれど、成功する人はどんな仕事であろうと成功させるものだし、成功しない人はどんな仕事をしても成功しないものなのだ。

だから、まずは目の前の仕事に夢中になることだ。

仕事に夢中になるのは、それほど難しいことではない。

仕事をひとつのゲームとみなせばいい。

誤解を招くかもしれないけれど、僕は自分の仕事を最高のゲームだと思っている。こんなに面白いものはない。だから、寝食を忘れて夢中になっているのだ。

ゲームの本質とは何か。それは、目標の設定とその達成だ。

仕事を面白くする秘訣は、まず第一に目標を設定することだ。そしてその目標を達成するために、知恵を絞り、創意工夫をする。自分の知恵や工夫が、世の中に通用するかどうかを確かめたくなるのは、人の本能のようなものだ。知恵を絞れば絞るほど、工夫をすればするほど、仕事をするのが楽しくなるというわけだ。

周囲から尊敬されるほど仕事熱心な人は、意識しているかどうかは別として、みんなこの種の目標設定と、目標を達成するための創意工夫を重ねている。自分の仕事を面白がれるかどうかは、その差だけと言ってもいいくらいだ。

もし自分の仕事に熱意を持てないなら、自分は弓と矢だけは持っているけれど、標的を持たない射手のようなものだと思えばいい。

どれだけ力をこめて弓を引き絞り、矢を射っても、的がなければ面白いことなんて何もあるはずがない。それは、誰でもそうなのだ。

仕事がつまらないと思うなら、そこに的を置こう。そして、その的に向けて、矢を射ることだ。命中すれば嬉しいし、外れれば悔しい。なんとか真ん中に当てたくなる。当てるための工夫なり、努力をするようになる。どんな人であろうと、絶対にそうなる。それが仕事のやり甲斐というものの正体であり、仕事のプロフェッショナルになる道なのだ。

12 右脳と左脳のキャッチボールをする。

右脳は直感をつかさどり、左脳は言語や計算をつかさどると言われている。

自分の心に湧いたアイデアを、具体的な方針や、あるいはビジネスモデルへと練り上げるプロセスを自分なりに冷静に分析すると、まさにその通りだと思う。

右脳に浮かぶアイデアは、全体像はあっても細部が曖昧だ。そういう意味では、きわめて単純なものでもある。直感的に正しいとわかっていても、言語化されていないから、そのままでは他人に伝えられない。その漠然としたアイデアを、言語化するのが左脳の作業だ。言語化するとは、ひとつの枠にはめることだ。したがって、右脳に浮かんだアイデアは多かれ少なかれ縮む。そのかわり、既存のビジネスの枠組みとそのアイデアを比較検討したり、曖昧だった細部を言語化したりすることによって、単純だったアイデアはかなり複雑なものになる。キャッチボールをするというのは、こういう右脳と左脳のやりとりを、繰り返すということだ。つまり、左脳で言語化し、複雑化したアイデアを、ふたたび右脳に戻してやって、直感的に判断してみる。それを何度も繰り返すのだ。

具体的にいえば、あるワインを飲んで美味《おい》しいと感じる。それから、なぜ美味しいのかと考えて、たとえばこのワインは何年のどこ産のワインだから、タンニンがちょうどよくこなれてまろやかになっているからだとか分析する。分析したら、ふたたびワインを飲んで、自分の感覚でその美味しさがタンニンのまろやかさによるものなのかどうかを確かめる。そうすると、いやタンニンだけではなくて、この香りもいいんだよなとか、つまり言語化され切っていない部分がわかる。では、その香りの正体は何かと考える……。

そういう具合に、直感と分析という脳の相反する2つの働きを意図的に使って、ひとつの発想を練り込んでいく作業が、つまり右脳と左脳のキャッチボールなのだ。このキャッチボールを複数の人間でやってもいい。それがつまり、ブレインストーミングだ。

単純なアイデアを、複雑化しては、単純化し、また複雑化しては単純化する。その作業によって、アイデアのいちばん重要なポイントが見えてくる。アイデアの幹は何で、枝葉は何かということを、しっかりと認識することができるようになる。

僕の場合は、何度もこのキャッチボールをしているうちに、感覚的にいえば、頭がさーっと凍る瞬間がある。ジグソーパズルで言うなら、すべてのピースの置くべき場所が、一瞬にして完全にわかってしまう瞬間とでもいえばいいだろうか。時間軸まで含めてすべての要素の置き場所が、凍結したみたいにはっきりと見える瞬間がある。

楽天市場のビジネスを考えていたときがそうだった。最も重要な幹も、その幹を支える根が何で、枝や葉はどういう姿でなければならないか。さらには将来的にはそれがどう変化していき、どこまで変化したときに、どういう手入れを施さなければいけないかまで、つまり楽天市場の現在から未来までのあるべき姿が、高い山の上から見下ろすように、手に取るように明瞭に見えた。すでに25年以上も昔のことである。

アイデアが浮かんだら、それを具体的なビジネスモデルに落とし込むという作業は誰でもやるが、その具体的なビジネスモデルを、もう一度自分の直感で上手くいくかどうか判断するという作業は、やっていないという人が多いのではないだろうか。けれど、それでは折角のアイデアを、上手に育てることはできない。

右脳から左脳への一方通行ではなく、ひとつのアイデアを何度も右脳と左脳の間で行ったり来たりさせる。それがビジネスのアイデアを練り上げるための秘訣なのだ。

13

人生は生から考えるか、死から逆引きで考えるかによって、大きく変わる。

今、自分は生きている。

そして、いつか必ず死ぬ。

これほど確かなことはないのに、そのことを考えないのは人の弱さだと思っている。いつ死ぬかわからない以上、わからないことを考えても仕方がない。そう合理化しているのだろうけれど、それは合理化ではなくて、ある種の逃避なのだ。

僕はそのことを、1995年のあの阪神・淡路大震災で知った。

実家のある明石《あかし》市も大きな被害を受け、僕は大好きだった叔母夫妻を失った。瓦礫《がれき》の山が累々と続く故郷の町を、叔父夫妻の消息を求めてさまよい歩き、学校の体育館で無言の対面をしたときの気持ちは、とても言葉では言い表せない。

そこには叔父たちだけではなく、たくさんの犠牲者の方たちの遺体が安置されていた。こんなにもたくさんの人たちが、昨日までは元気に生きていた人たちが、一瞬にしてその命を奪われたのだ。

あの光景が、脳裏に焼き付いて離れない。命がいかに儚《はかな》いものかということを、僕は言葉などではなく、胸が張り裂けそうな悲しみによって知った。そして、心と体の奥深い部分で、自分の命も儚いものだということを悟った。命がいかに儚いもので、そしてそれゆえにどれだけ大切なものかということを。

いつかはわからないけれど、終わりは確実に来るのだ。その終わりまでに、自分は何を成し遂げたいのか。そのことをしっかりと考えるところから、人生の計画を立てるべきだと思う。なぜなら、それが現実だからだ。そうすることによって、今現在、自分が何をなすべきかが、はっきりと見えてくる。

どんな計画であれ、時間的なスケジュールが決まっていなければ、それは計画とは言えない。自分の終わりを考えることは、寂しいし、恐ろしいことではあるけれど、それを抜きにして、本当の意味での人生の計画は立てられない。

そして、本当の意味での人生の計画を立てられない人に、本当の意味で大きなことを成し遂げることはできないのだ。

自分は別に、大きなことなど成し遂げたくないという人もいるだろう。

もちろん、それはそれでいい。心からそう思う。

人生の喜びはそれだけではないし、すべての人が大きなことを成し遂げなければならないわけでもない。

ただ僕は、この世に生まれた証《あかし》として、大きなことを成し遂げたいと思う。
地球のすべての人が、幸せになれるようなシステムを築くのが僕の夢だ。
その目標のために、自分の時間が有限であることをいつも忘れないようにしている。
織田信長は、「人間五十年」という敦盛《あつもり》の一節を愛したという。
彼もまた、死から逆引きで自分の人生を考えた人なのだと思う。

14 ピンチの時は、自分の中に第三人格を作れ。

第三人格というのは、僕の造語で、わかりやすくいえば自分のことを他人として突き放して見る、第三者的な視点から自分を見るということだ。

撤退の時と同じことだが、危機の時はどうしても判断がおかしくなる。その判断の狂いが、さらに被害を拡大するということが実に多い。20年以上前になるが、たとえば食品偽装問題が世間を騒がせたときのことを思い出していただければ、思い当たることがたくさんあるはずだ。テレビを見ながら、どうしてあんなことを言うのだろうとか、そういう態度を取るのかと、日本中の人が首を傾《かし》げたに違いない。

テレビのこっち側にいれば、つまり客観的に考えていれば、誰にだってわかる簡単なことが、わからなくなる。それが、つまりピンチの時だ。そして、傷を広げてしまう。危機そのものからの被害よりも、その判断の狂いから生じる損害の方が遥かに大きいといっても過言ではないだろう。

その損害を防ぐために、自分はテレビのこっち側にいる人になって、客観的に見るわけだ。人は自分のことなら、小指の先を包丁でちょっと切っただけでも大騒ぎする。他人事なら、いい歳《とし》をしてそんなに騒ぐのは滑稽だと思う。そういうものなのだ。

危機とか、ピンチとかいっても、他人事として考えれば、それほどのことではない。悩んでいるときも同じことで、他人の目から見れば、だいたい人間の悩みなんてたいしたことはない。

どちらの視点から、その場の対処を考えた方がいい結果をもたらすかは明らかだ。

悩んだり、困ったりしたときは、自分をいったん突き放してみる。そして、あくまでも他人事としてその対処法を考えること。それが、危機への最善の対処法なのだ。

ただし、これは言葉で言うほど簡単ではない。特にピンチに陥ったときに、いきなりそうはできないはずだ。普段から自分のことを、他人として見る訓練をしておくことをお勧めしたい。他人の目で今の自分を見たら、どう見えるかを想像するわけだ。

この訓練は、危機に陥ったときだけでなく、自分の日頃のマナーや、人との接し方を改善するという意味でもかなり役に立つ。

この話には、もうひとつ重要な反対側の話を、付け加えておこう。

他の人がピンチに立たされたり、悩んでいたりするときのことだ。そのときは逆に、この問題が自分にふりかかったら、どう感じるだろうかと想像してみるといい。相手の小指の傷の痛みを自分のこととして想像すれば、自分がそのときに何をしてあげるべきかがよくわかる。他人事なら些細な痛みでも、本人にとってはきわめて大きな痛みなのだ。

それを理解して、できる限りの手をさしのべること。

チーム内でも、家庭でも、あるいは顧客に対するときでも、これができれば人間関係はより円滑になる。円滑な人間関係が、ビジネスに貢献することはいうまでもない。

15 人生一生勉強。すべて勉強。

これは、大学時代の恩師の言葉。

まず何よりも、自分自身への戒めだ。

生来がせっかちだから、あんまり勉強という根気の要る作業が好きではない。まだるっこしいのが嫌いで、昔から勉強は一夜漬けと決めていた。

一夜漬けでもなんでも、学生時代は必要に迫られて勉強した。社会人になるとその必要がなくなる。いや、本当は必要なのだ。学生時代よりも、遥かにずっと。

けれど、試験という目先の必要に迫られないから、勉強をやめてしまう。

これは大きな問題だ。

プロのスポーツ選手で、自分はプロになれたからもう練習はしないなどという人はいない。練習をやめるということは、プロを辞めるということなのだ。

学生時代の勉強なんて、何の役にも立っていないという人もいるかもしれない。役に立たないのは、社会人になったとたんに勉強をしなくなるからだ。学生時代の勉強のいちばんの目的は、勉強の仕方を学ぶことにあると僕は思う。勉強しなければ、当然それを生かすことはできないのだ。せっかく身につけた勉強する技術を、社会人になったからといって、簡単に手放してしまうのはあまりにももったいない。

どんな勉強をするかは、人によって違うにしても、勉強は続けなければいけない。常に新しいものを吸収し、自分のレベルを高めていかなければ、人の発展はそこで止まってしまう。体系的に何かを学ぶということが、どれほど大きな力になるかは、学生時代に必死で勉強した人ならわかるはずだ。

高校3年生が、わずか4年から6年間の勉強で、（見習いとはいえ）一人前の医師や弁護士になってしまうわけだ。

本気になって勉強すれば、自分を変えることができる。自分が変われば、仕事はもっと楽しくなる。楽しくなるから、さらに勉強する。その循環を自分の中に作り上げることができた人は、社会人になってからも大きく成長していく。そして、どんな分野であろうとも、必ず大きな仕事を成し遂げる。1日1時間でも30分でもいいから、自分のために勉強する時間を作ろう。その時間の積み重ねが、3年後5年後の自分の姿を決めるのだ。

もちろん、勉強は机に向かってするものとは限らない。そういう意味では、自分の経験するありとあらゆることが勉強なのだという意識を持つことも大切だ。日々の仕事から学ぶことは必ずある。それを蓄積することもまた、重要な勉強だ。

自分の仕事を、こなすだけが目的のルーティン・ジョブにしてしまったら、一生はおそろしく退屈なものになる。けれど、そこから何かを学ぼうという姿勢さえあれば、それは自分を成長させる糧になる。そしてどんな仕事であろうと、成長の喜びがあれば、人は全力で打ち込むことができる。

成長こそが、人生の喜びなのだ。

生涯勉強して、自分を成長させ続けよう。

人は何かを学ぶために、この世に生まれてくるのだ。

16 小さな成功で自信を築け。

優れた登山家でも、最初から世界最高峰の山に登ることはできない。

低い山から始めて、少しずつ高い山に挑んでいく。

大きな目標を掲げるのは大切だけれど、最初から大きすぎる目標を立ててしまうと、意志を挫《くじ》きかねない。

小さくてもいいから、成功を積み重ねることだ。そして、一度立てた目標は必ず達成するという〝癖〟を自分自身につける。それが、大きな夢を抱えたまま、何ひとつ成し遂げられないうちに一生を終えるというような悲喜劇に陥らないための秘訣だ。見果てぬ夢を追い続けるよりも、まずは小さな成功を積み重ねよう。

成功体験は人を成長させる。

物事が上手く進んでいるときの高揚感や、何事かを成し遂げたときの達成感は、何物にも代え難い喜びになる。その喜びが、そこに至るまでの努力や苦労を耐え抜く心の強さを育ててくれる。困難に突き当たっても、そこで諦めずに前進し続けるための心のエネルギー源になる。

仕事に飽きるのも、仕事に全力を注げないのも、成功体験が欠如しているからだ。苦労の向こう側に、喜びが待っているということを知らないからだ。

最初は1000mの山に登るのだって、苦労をするはずだ。その頂に辿《たど》り着いたときには、大きな喜びを感じるだろう。けれど、二度目の喜びは、それほど大きくはない。もっと高い山に登って、もっと大きな喜びを得たいと思う。そして2000m、3000mの山に挑むようになる。

成功を続けるうちに、目標は大きくなっていくものなのだ。

大きな目標を達成すればそれだけ、自分に対する自信は強固になる。

世界最高峰の山は、その道のりの先にある。

一流のバッターは、自分が最高のヒットやホームランを打ったときの映像を繰り返し見続けるという。三振の映像は見ない。脳にはビデオデッキのように、刷り込まれた映像を繰り返す性質があるからだ。

何かに成功したときの感覚、物事を上手く処理しているときの自分の精神状態を、繰り返し心のビデオで再現しよう。

成功の上に、成功を重ねるのだ。

その積み重ねが、この世に不可能などないということを、本当の意味で教えてくれる。

この世に不可能など存在しないことを、頭で理解するだけでなく、自分の全身全霊で理解したとき、自分の本当の可能性が見えてくる。

そしていつの日か、自分がこの世で何をなすべきかを悟るだろう。

自分の天命を知るためにも、今日の小さな目標に挑もう。

17 常に好奇心と向上心を持つ。

燃えつき症候群という言葉がある。

燃えつきたのではない。

好奇心と向上心を失ったのだ。

一流大学に入るとか、超難関の試験に合格するとか、目標を決めて、一心不乱に努力する。そのこと自体は、別に悪いことではないだろう。問題は、その努力と引き換えに、視野の広さと、心の柔軟性を失ってしまうことにある。

山の頂上に、天国があるわけではないのだ。

そこにあるのは、山頂からの眺めと、そして登り切ったという満足感だけだ。

世界の頂上には、想像を絶する景色と満足感があるかもしれない。けれど、素晴らしくても、それは景色であり、満足感に過ぎないのだ。どんなに山を愛する登山家だって、山頂に住むことはない。

普通は頂上が目的で、登山が手段だと考える。

けれど、それはおそらく逆なのだ。

頂上に達するために登っているのではなく、登るために頂上がある。

人生やビジネスにおける目標は、必ずしも現実の山頂とは同じものではないけれど、個人の体験としてはよく似ている。日々の努力を続けるために、目標を立てるのだ。

ゴールのないマラソンをするのは辛い。だから、ゴールを決める。けれど、ゴールしたからといって、走るのをやめるわけにはいかないのが、現実の人生であり仕事なのだ。

好奇心と向上心は、走り続けるためのエネルギーだ。

走るのが辛くなるのは、好奇心と向上心を失いかけているからなのだ。

社会人になっても勉強が必要なのは、好奇心を枯れさせないためでもある。

世界は驚きに満ちている。その驚きに触れる努力を怠りさえしなければ、いつも心に好奇心を湧かせてくれる。好奇心があれば、人は前進し続けることができるのだ。

そして、向上心を奮い立たせるためにも、ライバルを持とう。世界は広い。どこまで進んでも、自分より優れた人が必ずいる。努力することに疲れたら、いつも自分より努力している人がいることを思い出すことだ。そして、より大きな努力の向こう側には、より大きな喜びが待っているということを。

人生にも仕事にも完成はない。

このくらいでいいと、どこかで諦めることはできる。

けれど、完成することは未来永劫あり得ない。

それを、苦しみととらえるか、それとも喜びと考えるかで、人生は１８０度変わる。

いつまでも走り続けなければならない地獄に生きるか、それともどこまでも走り続けることのできる天国を生きるか。

天国と地獄を分けるのは、自分の好奇心と向上心なのだ。

18 キャッチボールできる相手を作れ。

右脳と左脳のキャッチボールだけでなく、他人とのキャッチボールも大切だ。キャッチボールは、いわゆる相談とは微妙に違う。

野球選手がキャッチボールをして、カラダを温めたり、フォームを確認したりするのと同じように、言葉のキャッチボールをすることで、自分の考え方や判断が間違っていないかどうかを確認するのだ。何かに迷ったとき、なかなか答えの出せない問題に突き当たったとき、新しいアイデアが浮かんだとき、僕はこのキャッチボールをして、頭の中を整理する。自分の考え方の陥穽《かんせい》に気づくのも、たいていそういうときだ。

キャッチボールをしたからといって結論が変わらないこともある。実際にその方が多いかもしれない。それでもキャッチボールをするのとしないのとでは、何かが違う。自分の考えていることを、言葉にして他の誰かに説明することにまず意味がある。たとえ相手が自分の意見に反対して、自分がその反対意見に納得できないとしても。世の中にはそういう反対意見があるということを知るだけでも、大きな収穫だ。

説明している間に、自分で自分の間違いに気づくこともある。アイデアなんか何も浮かばなかったのに、言葉のキャッチボールをしているうちに、いいアイデアが湧いて来ることもある。心の片隅の漠然とした問題意識とか、頭の中だけのふわふわした思いつきは、言語化してはじめて、具体的な課題やアイデアとして結晶するのだ。

改まって相談するのではなく、それこそ本物のキャッチボールのように、いつでも好きなときに自分の問題を話せる相手の存在は何物にも代えがたい宝物だ。

キャッチボールの相手は、キャッチボールをすることで見つけるのがいちばんだ。身近な誰かにまずボールを投げてみよう。人間というものは不思議なもので、ボールを投げれば、ほとんどの人が投げ返してくれる。そこからキャッチボールは始まる。上司や同僚の噂話だの何だのをするよりも、その方がずっと建設的だ。それに何より、いいキャッチボールの相手が見つかると、人生が楽しくなる。

ベンチャーのいいところは、キャッチボールの相手に事欠かないということかもしれない。起業は試行錯誤の連続で、何をするにしてもまず仲間と話すことから始まる。だから楽天の草創期は、言葉のキャッチボールなんてことをわざわざ言う必要はなかった。社員は数名、会社も狭い。1年365日1日24時間、キャッチボールを続けていたようなものだ。あの時代のキャッチボールの中から、現在の楽天が生まれたと言っても言いすぎではない。

その習慣は今も続いている。人が増え、会社の規模が大きくなって、あの時代のように社員のみんなと好きな時に話をするのが難しくなった。それでも、機会を見つけては、キャッチボールをする。たとえば時代の空気を読むには、若い社員とキャッチボールするのがいちばんわかりやすい。世論調査の数字などよりも遥かに実感として、今という時代の空気を感じられる。インターネットを経由しない自然なコミュニケーションは、これからの企業ではますます重要になっていくはずだ。そういう意味で、言葉のキャッチボールは大切なコミュニケーションツールでもある。

もちろん、キャッチボールの場は会社だけに限らない。僕の場合は妻も相手となる。また、亡き父親も大切なキャッチボールの相手だった。父親だったらどんなことを言うだろうかと、今も想像することがある。長所や短所を含めて、僕のことを深く理解してくれているから、時にこちらがハッとするような、本質を突いた鋭いボールを投げてくれる。会社の内部にいては気づかないこと、耳に痛いことも平気で言ってくれるパートナーほど有り難いものはない。自分の考え方や仕事のやり方を客観的に見つめるために、いつでもキャッチボールのできる相手を作ろう。

19 常に具体性をもって行動する。

改善を積み重ね、成長し続ける。それが、僕たち楽天のやり方だ。

けれど、この改善とか、成長という言葉そのものは抽象的な概念だ。その抽象的な概念を、ただ口で唱えるだけでは意味がない。その概念を、具体的な目標に変え、具体的に行動しなければ何の意味もない。

たとえば、楽天には8分の1プロジェクトというものがあった。これは、会議の時間を減らすという改善のための具体的な行動だ。

このプロジェクトの内容は、こういうものだ。

まず、会議の頻度を半分にする。それから、会議に参加する人数を半分にする。さらに会議にかける時間を半分にする。2分の1×2分の1×2分の1で8分の1。この工夫で会議に費やす時間を、全体として8分の1に減らすことができるわけだ。

会議の時間を減らそうというスローガンを掲げたって、おそらく何も変わらない。けれど、8分の1プロジェクトで決めた具体的なことをきちんと行えば、確実に会議にかける時間は8分の1になる。これが、具体性をもって行動するということだ。

ゴミを減らそう。節電をしよう。お年寄りを大切にしよう。緑を守ろう……。

世の中には、スローガンがたくさんある。スローガンの内容そのものは間違っていなくても、そのスローガンを具体的な行動目標に落とし込まない限り、それはただの掛け声だけに終わってしまう。

一流スポーツ選手のトレーニングメニューは、いつも具体的で明確だ。どのトレーニングを、何のためにするのかがはっきりしている。同じ筋力トレーニングをしているときでさえも、その運動が自分のどの筋肉を鍛えているのかを意識しながらやるかどうかで、効果が歴然と違ってしまうらしい。

筋力トレーニングだってそうなのだ。まして、ビジネスにおける行動はいつも具体的でなければならない。一所懸命やりますとか、頑張りますでは駄目なのだ。

この仕事は、何のためにしているのか。この仕事は、どういう結果に結びつくのか。それを考えながら具体的に行動しなければいけない。

抽象的な行動からは、抽象的な結果しか得られない。

闇雲に歩くだけでは、どこにも到達しない。

日々の仕事が惰性に流れて、同じことの繰り返しになってはいないだろうか。

昨日やったことを今日も繰り返すということを続けているうちに、仕事の中から具体性が失われていくというのはよくある話だ。1年間同じ仕事を続けているのに、ちっとも進歩しないとしたら、それはおそらくそのせいなのだ。

千里の道も一歩からという。一歩でも半歩でも、自分の踏み出す足が、確実に目標の方向へ向かっているかどうか。

自分の行動に具体性があるかどうかを、いつも確認しながら仕事をしよう。

20

あらゆる情報に敏感であれ。

これは、あらゆる物事が価値のある情報になると言い換えてもいい。

宮本武蔵は彼の有名な著作『五輪書』の冒頭で、大工の仕事と、武士の仕事を比較して論じている。その本質は、同じだとこの剣の名人は言うのだ。大工の仕事を眺めながら、武士の仕事と通じる何かを発見したのだろう。たとえば、そういうことだ。

ニュートンはリンゴが木から落ちるのを見て、万有引力の法則の着想を得たという話は後世の創作と言われているけれど、みんながこの話を好きなのは、そこに創造というものの不思議な秘密が潜んでいるからだ。

まったく何の関係もないところに、問題の答えやアイデアが隠されている。逆の言い方をすれば、この世の中には自分に関係のないものなどない。あらゆる物事が、自分にとって価値のある情報なのだ。

隠されていると言っても、もちろん誰かがそこに答えを隠しているわけではない。つまり、それは自分の見る目の問題だ。見る目があれば、見えるということだ。

そういう目を養うためには、興味を持って世界を見ることだ。あらゆるものに関心を持つこと。何度も言うが、自分に関係のないものなどこの世に存在しないと知ることだ。そして、その物事の奥に潜む本質を見ようとすることだ。

ただ、それだけでは足りない。

どんなに熱心に世界を見ようと、自分の中に問題が何もなければ、おそらく何も見えはしないから。

武蔵は四六時中武士の本質について考えていたから、大工の仕事を見てそこにヒントを見いだした。ニュートンだって力学の問題に関心を持っていなかったら、リンゴが落ちるのを見ても何も感じなかったはずだ。

あらゆる物事がヒントになるのは、自分がどれだけ考え抜いても解けない問題を抱えているからだ。

何かに夢中になって、何をしているときでも心のどこかでそのことを考えているという精神状態にあってはじめて、見るもの聞くことのすべてが自分の教師になる。

恋をすると、何を見ても、何をしても、恋人のことを考えてしまうという経験は誰にでもあるだろう。それと同じ精神状態だ。

だから、詩的にいうなら、あらゆる情報に敏感になるということは、仕事に恋をすることだと言い換えてもいい。食事も喉を通らぬほど、自分の仕事に夢中になって、問題を考えに考え抜くという経験を一度でもすれば、あらゆる物事が自分にとって重要な情報であるということの本当の意味を、はっきりと悟るだろう。

もっとも恋と仕事には、決定的な違いもある。どれだけ夢中になっても、恋は成就しないこともある。けれど仕事は違う。悩み抜けば、答えが見えるときが必ずやってくるのだ。

答えは、森羅万象の中に隠されている。

その答えを見逃さないためにも、あらゆる情報に敏感になろう。

21

人間は自分を正当化したがる動物。

これは、僕が自分自身を戒めるための言葉でもある。

自己正当化は論理的思考の最大の障害になる。世の中の判断ミスのほとんどの原因はこれにあるのではないかと思うことがある。

偉人と賞賛されるような人、たとえばそれが文学者であれ、政治家であれ、経営者であれ、見識や才能を世間からも高く評価された人が、時として誰の目にも明らかな誤った選択をしてしまうことがある。

その理由は、根本的なところで共通している。

自分の間違いを正当化し、失敗の責任を他人に転嫁するからそうなる。

盗人《ぬすっと》にも三分の理という。まして、自分のことである。他人から見たら、どんなに明白な失敗であろうと、そこにはとりあえず筋道の通った理由があることが普通なのだ。

自分は間違ったことはしていない。自分は正しい。自分は誤解されている。そう思うのは当然のことで、それゆえに人はいつも言い訳をし、自己正当化をする。

けれど、その言い訳を他人が聞けばどう思うか。

それは、自分が他人の言い訳を聞いているときに、どう感じるかを考えればすぐにわかる。言い訳は、失敗の傷口を広げる役にしか立たないのだ。

そんなことはわかっているのに、それでも言い訳するのが人の性《さが》なのだ。

始末に負えないのは、他人に言い訳するだけではなくて、自分自身にも言い訳をしてしまうこと。これは、不毛なだけでなく、きわめて危険な行為でもある。

失敗に対する最善の策は、その原因を分析して、失敗を二度と繰り返さないための方策を立てることなのだ。

自己正当化するということは、その原因の所在を隠蔽してしまうということだ。原因を曖昧にしたままでは、正しい対策を立てることができない。

人がしばしば同じ間違いを繰り返すのも、つまりは自己正当化のゆえなのだ。

いや、他人のことはいい。

とにかく、僕自身はそうだ。

ちょっと油断をすると、すぐに自己を正当化しようとする。これはどうしようもないと思っている。

どうしようもなくても、そのまま放置すれば、危険この上ない。

だから、キャッチボールする相手を作ったり、耳に痛い意見を積極的に聞いたりする努力をしている。自ら良き規範となれというのもつまり、自分を縛るための原則なのだ。自己否定からすべては始まると口癖のように言っているのも、同じ理由だ。

人間は自分を正当化したい生き物だ。

そのことを、僕は否定しない。

否定しないけれど、絶対にそのことを忘れないように努めている。

自己正当化というやっかいな心の癖に対処するには、自分が自己正当化する生き物であるということを、いつも再認識し続ける以外にはないと思っている。

22 直感を数値化し、常に進化させる。

たとえば、この駅前にラーメン屋さんをオープンしたら流行《はや》りそうだと思う。

それは、あくまで直感だ。

直感でビジネスを成功させたという人は多いけれど、みんなもっと重要なことを忘れている。直感でビジネスに失敗した人は、その何倍もいるはずなのだ。そうでなければ、直感で成功したなんて話が、自慢話になるわけもない。

直感が外れると言いたいわけではない。

直感は絵の下書きのようなものだ。ディテールが描き込まれていない。けれど、ビジネスにおいては、そのディテールが大きな障害になることもあれば、あるいはその反対にもっと重要なアイデアの材料になることがある。にもかかわらず、このディテールを描き込む作業を中途半端にしてビジネスモデルを構築するから失敗するのだ。

直感という絵の下書きのディテールが、つまり数値化ということになる。

たとえば流行るという直感を、具体的な数字で検証してみる。

駅前を通る人の数、商店街の売り上げ、隣駅のラーメン屋さんの来客数、あるいは利益率、さらには家賃や人件費など様々な数字を集めて、実際にラーメン屋さんを開業したとして、想定される利益を計算するわけだ。

そうやって具体的にディテールを描き込んだら、その絵をいったん遠くに置いて眺めてみる。細かい数字まで検証した上で、全体をあらためて、自分の直感の目に晒《さら》すのだ。

そうすると、最初に駅前に立ったときとはまた違った直感が浮かぶはずだ。

具体的な数値を集めて検証した結果は、たいていの場合、自分が漠然と想像したよりも低いはずだ。基本的に人間は状況を甘く見るものだし、それにその駅前にラーメン屋さんがないのには、それなりの理由がある方が普通なのだ。簡単な計算で儲かることがわかるなら、他に誰かがやっていてもおかしくないわけだ。

けれど、もちろんそこで諦めてはいけない。

細かく描き込んだ絵を、ちょっと遠い所から眺めながら、想像したよりも低い数値を最初の直感に近づける方法を考える。何が予想と違っているのか、どうすればその数字を上げられるか。そこでまたアイデアが湧く。第二の直感だ。

その第二の直感は、最初のものよりも具体的になっているはずだ。ラーメン屋さんの形、つまりビジネスモデルがより鮮明になるわけだ。

そのモデルをふたたび数値化する。集めるべき数字は、また別のものになるだろう。

直感を数値化し、そこからもう一段深い直感を引き出す。その直感を数値化する。

この往復を繰り返しながら、より具体的なビジネスモデルを立ち上げていく。

それが、直感を正しく生かす唯一の方法だ。

直感は大切にすべきだけれど、ただ直感に頼るだけでは継続的にビジネスを発展させていくことはできない。直感は数値化してこそ、その真価を発揮するのだ。

23

常に枠組みを作り、常に学習せよ。

枠組みとは思考の枠組み、つまり物事を考えるためのフレームワークだ。

日本人は、素人《しろうと》と玄人《くろうと》を分けるのが好きだ。あらゆる分野に玄人がいて、「あいつは素人だ」というようなことをよく言う。玄人と素人の間には明確な線引きがある。その線引きは、専門的知識の量の差ではないと僕は思っている。玄人と素人を分けるのは、その職業のフレームワークが頭に入っているか否かなのだ。

マーケティングにはマーケティングの、フレームワークがある。思考パターンといってもいい。将棋で言えば、定跡のようなものだ。

定跡は常識ではない。似て非なる物だ。常識を覆すような手を打つ棋士も、定跡の研究は怠らない。定跡は、将棋的な思考をするためのフレームワークなのだ。

専門的知識をどれだけ詰め込んでも玄人になれないのは、頭の中に専門的知識を組み合わせて思考を進めるためのフレームワークがないからだ。定跡を知らない棋士（そんな棋士はいないと思うが）のようなものだ。

逆にいえば、フレームワークを頭にいれておけば、専門的知識が万全でなくても、大筋の話はわかる。ビジネスでは、この大筋を理解できることがとても有益なのだ。細かい知識を詰め込むよりも、まず全体のフレームワークを理解することを意識しよう。

マーケティングはわかるけれど、人材管理はわからない。オペレーションはわかるけれど、技術はわからない。設計図は読めるけれど、簿記はちんぷんかんぷんだ。

それが普通のビジネスパーソンだと思う。企業の規模が大きいほど専門化も進むから、大企業ほどこの傾向は強いだろう。隣のセクションで何をしているかもわからないというようなことも、頻繁に起きるわけだ。縄張り意識が、これに拍車をかける。

けれど、分業化するのは、全体の効率を上げるためだ。縄張り意識を育てるためではないわけで、細かく分かれたセクションは有機的につながってこそ力を発揮する。

ひとつの専門分野だけで完結する仕事は事実上存在しない。事業計画を立てるにもアイデアを練るにも、他の分野のフレームワークを理解していることは、きわめて有用なのだ。あるいは、単純に参考にするという意味でも。ある分野で大きな業績が上がったときに、フレームワークがわかっていれば、その成功の本質が理解できる。それは、自分の仕事に応用できる可能性もあるわけだ。

自分の専門分野を追求するだけでなく、他の分野のフレームワークについても好奇心を持って、勉強してみよう。

それは、自分の引き出しになる。
引き出しは、多ければ多いほどいい。
引き出しがたくさんあればあるほど、発想は柔軟になる。
それが結局は、自分の専門分野での発想の豊かさにもつながるのだ。

24

創意工夫により、局面が打開でき、新たな課題が発見できる。

ビジネスの世界で、解決のできない問題はきわめて少ない。ゼロと断言するつもりはないが、打つ手は必ずあると思っている。

自然が相手なら、どうしても不可能なことはあるだろう。たとえば、地震を未然に防ぐことは現在の科学や技術では絶対に不可能だ。

けれど、地震対策を徹底させて、地震の被害を減らすことはできる。

地震対策は、自然ではなく社会の問題だからだ。社会は人間が作った人工物だ。人が作ったものは、人が変えることもできるのだ。

ビジネスはもちろん社会の産物だ。だから、自然を相手にするのとは違って、たいていのことは、人間の創意工夫で何とかなる。絶対に不可能ということはないのだ。

僕が面白いと思うのは、そうやって創意工夫を凝らして問題を解決すると、その先に必ずまた問題が見えてくるということだ。

ひとつ解決すれば、それで終わりということはない。

ひとつの問題を解決すれば、必ず新たな別の問題が立ちはだかることになる。

それならば、最初から問題なんて解決しなければいいじゃないかと思う人もいるかもしれない。申し訳ないけれど、そういう人はおそらくビジネスには向いていない。

ビジネスとは結局、際限のない創意工夫の繰り返しなのだ。

ギリシャ神話の中に、大岩を山頂まで押し上げる罰というのがある。この罰の残酷なところは、死ぬほどの苦労をして頂上まで押し上げても、その大岩はまた麓《ふもと》まで落ちてしまうところ。だから、永遠に大岩を押し上げ続けなければならない。

ビジネスにもある面で似たところがあるけれど、本質的な部分が決定的に違う。

ひとつの問題を解決して突き当たる新たな課題は、最初の問題を解決する前には見えなかった課題だ。

問題を解決したところにあるのは、より高度な問題なのだ。

登っては下りてを繰り返しているのではない、山を登り続けているのだ。

直面した課題が大きければ大きいほど、その課題を解決することによって大きく成長することができる。

高い山に登れば、さらに高い山が見えてくるということなのだろう。

つまり創意工夫して、問題を解決するのは、新たな課題を発見するためでもある。そうやって課題を解きながら、より高い頂を目指して山を登り続けていく。

それが、ビジネスというものだと思う。

どこが面白いのかと、問う人もいるかもしれない。

もちろん、課題に取り組むのが面白いに決まっている。創意工夫をして問題を解決した先には、より解決の難しい課題が待ち受けている。難しい課題を前にすると、闘志が湧き上がってくる。それは苦行というよりは、むしろ問題を解決したことに対する褒美のようなものなのだ。

25

自分に足りないものを把握し、学習するか補うかを考える。

ビジネスにはスポーツのように時間制限があるわけでもないし、一人でやらなければいけないというわけでもない。

スポーツ選手なら、怪我をしたらそれをできるだけ隠そうとする。自分の弱点や能力の足りない部分を、敵に悟られるのはマイナスだからだ。

ビジネスはそんなことを気にする必要がまったくない。

弱点や欠点なんて、いくらあってもいい。弱点や欠点は、補うことができるからだ。

唯一致命的なのは、それを知らないことだ。

耳に痛い忠告に耳を傾けなければいけないのは、そういう理由もある。

これが一対一の競技なら、自分の弱点や欠点は残酷なほどはっきりと見える。

ところが、ビジネスにおいては、それがあまりはっきりとは見えない。ビジネスの勝敗には様々な要因が絡んでいる。資本も違えば、社員の数も質も違う。スポーツのように参加者全員が同じ条件の下で参加しているわけではない。だから、たとえ上手くいかなくても、その原因がどこにあるのかを正確に把握するのが難しいのだ。

けれど、ひとつだけ確かなことがある。

それは、人間は万能ではないということだ。

つまり、自分には必ず弱点もあるし、欠点もあるのだ。

そして、弱点や欠点を補えば、仕事は今までよりも上手くいくようになる。

だから大切なのは、自分に何が足りないかを、自分自身できちんと把握すること。

そこにくだらない自己顕示欲を介入させてはもちろんいけない。

謙虚になって、まず足りないものを理解する。

そうしたら次は、その足りないものを自分で学習して身につけるか、それとも誰か他の人で補うかを考える。その足りないものを持っているブレーンを作るとか、一緒にやろうと誘うとか、方法はいろいろあるわけだ。

基本的には、まず自分で学ぶことを考えるべきだと思う。たとえば、自分のビジネスにとって英語の能力が不可欠だと感じたら、やはり自分で英語を身につけるのがいちばんいいに決まっているのだ。

ただし、そのことにあまり固執しすぎてもいけない。要するに、結果が出せればいいのだから。英語を学習するのに時間をかけるよりも、完璧な通訳を雇った方が効率的な場合はもちろんあるわけだ。自分で学習するか、別の方法で補うかは、そのために必要な時間とその効果を秤《はかり》にかけて冷静に判断するべきだ。

この判断が、案外と難しい。

判断がつかないまま、学習もしなければ、補うこともしないままに放置するというのはよくあることだ。

自分に足りないものを把握したら、学習することによって身につけるか、それとも他の手段で補うか。そのことを一度は、しっかりと考えてみることだ。そして結論が出たら、一刻も早くその手を打たなければいけない。

ビジネスでは、弱点や欠点は補うことができる。それだけに、足りないものを補わないままに放置することは、ライバルに差をつけられてしまうことを意味するからだ。

26

精神的エネルギーレベルを下げるな。

仕事に臨んでいる限りは、精神的エネルギーのレベルはいつも高く維持しておかなければならない。

これは、絶対条件だ。

自分自身に気合いを入れて、精神的エネルギーのレベルを保つこともまた、仕事のひとつだと思う。

けれど、そこは人間だからテンションが下がることもある。

問題は、本人がそのことになかなか気づかないということだ。

だから、自分がどういうテンションにあるかは、いつも意識して観察しておかなければならない。下がっていると感じたら、それを上げる努力をしよう。

テンションを上げる方法は人によって違うはずだ。

映画監督のスティーブン・スピルバーグは、自分が撮影に入る前に、黒澤明監督の『七人の侍』を観るという話を聞いたことがあるけれど、それもテンションを上げる方法だ。

スピルバーグは『七人の侍』をはじめて観たとき、これこそが映画だと思ったそうだ。その感動を思い出しているのだろう。感動は人のテンションを上げてくれる。感動すると、頭の働きが活発になって、精神にも力がみなぎってくるものだ。

僕の場合は、運動が効く。だから、よくジムにいく。1週間に2回から3回、1時間半くらい汗を流す。サウナに入って心拍数を上げてから、有酸素運動を30分、さらに何種類かの筋力トレーニング。たったこれだけのことで、シャワーを浴びる頃にはかなり気合いが入っている。

運動そのものがテンションを高めてくれるということもあるけれど、それだけではなくて、その昔プロになることを夢見て、テニスに夢中になっていた少年時代の気持ちが蘇《よみがえ》るのかなあなんて思ったりもする。

子供の頃は、自分で意識などしなくても、ちょっとしたことで簡単にテンションが上がっていたものだ。ところが大人になると、何かに感動することも少なくなって、なかなかテンションが上がり難《にく》くなるものだ。

けれど、そのテンションの低い状態で、仕事に取り組んではいけない。どうしても、テンションを上げることができないなら、むしろ仕事を休んでしまった方がいいくらいだと僕は思っている。

一人の精神的エネルギーレベルが低いと、それは仲間全体に伝染する。全体の士気にもかかわる問題なのだ。さらに、そういう状態で仕事をしていると、仕事上のミスや、失態にもつながる。それに何よりも、仕事を楽しめなくなる。

仕事を楽しめなければ、仕事を単純にこなすだけになってしまう。

それでは創造的な仕事はできないし、その結果として仕事上の重要な判断を狂わせることにすらなりかねないのだ。

精神的なエネルギーレベルをいつも高く保ち、前向きな気持ちで仕事に取り組もう。テンションが下がったまま仕事をするのは、敗北への道を進むのと同じだと知るべきだ。

第3章

敵を知る（対人論）

ここでいう敵は、文字通りの敵やライバルだけを指すわけではない。
社内での人間関係なども含めた、他人との関係のあり方、すなわち対人論である。

27

付加価値のないサービスには意味がない。

これは5000円の時計と100万円の時計との差は何か、を考えようという話だ。

クオーツというものが発明されて以来、時計の精度と価格は無関係になった。5000円の時計も、100万円の時計も示す時間は同じなわけだ。

にもかかわらず、なぜ人は100万円の時計に100万円を払うのか。

それは、そこに100万円に見合う、付加価値があるからだ。

時計に限らず、現代においてはあらゆるものがそうなっている。

ビジネスをする人間は、自分の提供するサービスに（それは商品である場合もあるだろうし、純粋にサービスということもあるだろう）、その価格以上の付加価値があるかどうかを常に考えておかなければならない。

100円のモノを100円で売るというだけでは済まない時代なのだ。

それはつまり、自分のビジネスの利益の源泉がどこにあるかを考えるということでもある。なぜ、ユーザーはこのサービスを買ってくれるのか。

自社の製品、あるいはサービスにはいかなる付加価値があるか。その付加価値は、価格以上の満足を顧客に与えているか。さらに、いかにすれば、その付加価値を増やすことができるか。

それを考え続けることが、ビジネスを発展させる王道であり、そしてまた絶対に忘れてはいけない基本なのだ。

この思考法は、たとえばあなたが会社員だとして、自分と会社の関係を考える上でも有効だ。会社員はつまり、会社に仕事という一種のサービスを売っているわけだ。そのサービスにだって、付加価値が必要なのだ。

会社はなぜ自分に給料を払ってくれているのか。労働契約を結んでいるからだなどと杓子定規に考えても、そこからは何も生まれはしない。

会社にとって自分の付加価値とは何なのかと考えてみよう。

そしてその付加価値を少しでも増やす努力をすることだ。

ここで重要なことは、ほとんどの場合、付加価値を増やすのはそれほど大変な作業ではないということだ。

実際問題として、ちょっと考えるかどうかで全然違ってしまう。

部下のいる人なら誰もが気づいていることだと思うけれど、優秀な社員とそうでない社員との差は、冷静に分析してみると、ごく僅かなものでしかない。けれど、そのごく僅かの差が、どういうわけか天と地ほども大きな差になってしまう。

その僅かの努力をしない人が、世の中の大多数だからだろう。

みんながしていないから、自分もしないのだろうか。同じ給料しか貰っていないのに、自分だけそうするのは、損だとでも思っているのだろうか。

もちろん損などではなくて、それは大きなチャンスなのだ。

自分の付加価値は何か。それをよく考えて、些細なことでいいから具体的に何か努力してみる。

成功するか否かは、その些細な努力にかかっている。

付加価値のないサービスには意味がないということを、いつも肝に銘じておこう。

28

他人の立場になって考える。

これは、僕が小学校4年生のときに祖母に言われたこと。ものすごく大きな衝撃を受けて、それ以来、ずっと心の底に秘めている教訓だ。

この言葉に関する説明はいらないと思う。世界中の宗教や道徳の根本に、この発想がある。というよりも、すべての道徳律はこのことを別の言葉で言い換えたヴァリエーションに過ぎないと言ってもいいかもしれない。

他人の立場になって考える。世界中の人が、本当の意味でそうできれば、この世に存在するほとんどすべての問題は簡単に解決してしまうに違いない。戦争も、食糧危機も、南北格差も、民族紛争も、そしておそらくは環境問題も。

逆に言えば、世界がこれほどたくさんの難問を抱えているのは、この道徳律が本質的には守られていないということだろう。

他人の立場になって考える能力は、人間に特有の能力だ。火や道具を使用する能力よりも、ずっと明確な人間性の指標のようなものだと思う。幼い子供は、この能力を持ち合わせていない。それは文化的に受け継がれていく能力であって、本能に刷り込まれているわけではないからだ。おそらくは、人間が社会を形成するようになってから、後天的に獲得した能力なのだろう。僕が祖母の言葉に衝撃を受けたのも、つまりそれ以前の僕は、他人の立場になって考えるという発想を意識していなかったからなのだろう。

同じひとつの物事も、立場を変えればまったく違って見える。

それはあまりにも当たり前のことなのだが、そういう発想がなければ絶対にわからないことでもある。そして、世の多くの人々は、言葉の上では「他人の立場になって考える」ということを知っていても、現実にはあまりその能力を使おうとしない。そうすることが自分の立場を弱くするとでも思っているかのようだ。

それは大きな間違いだ。他人の立場を理解しない限り、自分の立場を相手に認めてもらうことは絶対にできないと考えた方がいい。自分が相手よりも圧倒的に優位な立場にいれば、強引に自分の立場を相手に押しつけることもできるだろう。けれど、それは自分の立場を相手に理解してもらうこととはまったく違う。そして長い目で見れば、そういう行為は様々な意味で、自分にとって大きなマイナスになる。

ビジネスでは、特にこのことをよく考えなければいけない。単純に言えば、自分が得をすれば、相手はその分だけ損をするのがビジネスだ。その対立する利害を、いかに一致させるかが、ビジネスを成功に導く要諦《ようてい》なのだ。自分も相手も利益を得ることができて、はじめてその関係は継続的なものになる。そのためには、相手の立場になって考えることがどうしても必要なのだ。

それは、一方的に相手の有利になるように話を進めるということではない。本気で相手の立場になって考えるということは、どうすればその取引を相手のためにも自分のためにもなるものにできるかを考えるということでもある。

相手を十分に納得させられるだけの利益を与えた上で、自分も利益を得られる一致点を見つけるということなのだ。モノを売るにしても、サービスを提供するにしても、あるいは大きな商取引をするにしても、この考え方が根本にあれば、絶対に失敗しない。

相手の立場になって考えることは、あらゆるビジネスの基本なのだ。

29

物事の本質を見極めろ(なぜ人はモノを買うのか?)。

楽天市場を始めたとき、他のインターネット・ショッピングモールはことごとく失敗していた。世間の人は、その事実をもって、インターネット・ショッピングモールは駄目だと判断していた。僕は、そういう風には考えなかった。

それは、どのような機能を提供するものなのか。どのような優位性があり、どういうマイナス面があるのか。インターネットのショッピングモールとは、何なのかということを徹底的に考え抜いたのだ。そして、ひとつの結論に達した。

インターネットの優位性を十分に生かせば、商品のバラエティの豊富さについても、商品の価格の安さについても、リアルな店舗を遥かにしのぐショッピングモールを創造することは可能なはずだ。そして、その豊富な品揃えと、その価格の情報を、インターネット上でリアルタイムにユーザーに提供するシステムを確立すれば、このショッピングモールは絶対に成功する、と。

その結論が、楽天市場の礎《いしずえ》になったことは言うまでもない。

もしあの時点で、他人が駄目だと言っているからと、そこで思考停止してしまっていたら現在の楽天は存在しなかった。

ビジネスの現場において、『なぜ』という素朴な問いかけ、本質を見極めるための問いかけを繰り返すことは、きわめて重要なのだ。楽天市場が軌道に乗って、順調に成長をするようになっても、僕はその問いかけを忘れたことはない。

そもそも人はなぜモノを買うのか。

モノを買うと一口に言っても、実に様々な『買い物』がある。必要だから買うのだと言ってしまえばそれまでだけれど、本当にそうなのか？　それだけなのか？　人は、ただ必要を満たすためだけに、モノを買うのか？

寝ても覚めても、テレビを見ているときも、街を歩いているときも、仕事をしているときも、いつも頭の隅で僕はそのことを考え続けた。

人は様々な理由で、様々なモノを買う。けれど、その様々な理由の根底には、ひとつの共通点がある。

人がモノを買うのは、本質的にはそれが楽しいからなのだ。

つまりショッピングは、エンターテインメントなのだ。

その本質から、楽天市場というインターネット・ショッピングモールの様々な新しいアイデアが生まれた。

楽天市場での買い物が本質的に楽しいからこそ、毎日のように何万というユーザーがホームページを覗《のぞ》き、そして買い物をしてくれるのだ。

物事の本質を見極めるのは、哲学者だけの仕事ではない。

むしろビジネスパーソンこそ、常に物事の本質を見極める努力を怠ってはいけない。

世間の表面的な流行を追いかけても、本当の意味でいいアイデアは浮かばない。画期的なビジネスのアイデアや方針は、物事の本質を考える作業の中から生まれるのだ。

問題に突き当たったら、本質論に立ち返ろう。

物事の本質を見極める。そもそも、なぜそうなのか。『なぜ』という素朴な疑問を繰り返して、物事の本質へと遡《さかのぼ》る。そこから、問題の根本的な解決方法を探すのだ。

問題の本質を見極めずに、問題を解決することはできない。

遠回りのようだけれど、結局は物事の本質を見極める作業を繰り返すことが、問題の本当の解決法へと辿り着く、最善にして唯一の方法なのだ。

30

リスクの『種類』と『大きさ』を見極める。

リスクという言葉には、決まり文句のように回避という言葉がつく。世の中の人はみんな、リスクは回避するものと思い込んでいるようだ。何でもそうだけれど、世の中のほとんどの人が思い込んでいることの裏側には、ビジネスチャンスが潜んでいる。

リスクというものもまさにそうで、敢《あ》えてそのリスクを取るというスタンスがビジネスの成功につながる。ビジネスを大きく成功させた企業の多くが、リスクテイカーであった例は歴史をひもとけば枚挙にいとまがない。

楽天市場にしても、そのスタートにおいてはある種のリスクテイカーだった。インターネットのショッピングモールというアイデアは、その当時はすでに日本では失敗の明らかなビジネスモデルと認識されていたわけだ。つまり、常識的には、失敗する確率の方が高かった。我々は敢えて、そのリスクを取ったわけだ。

リスクを取るというのは、つまりリスクに賭けるということで、それはビジネスというよりも、ある種のギャンブルではないかという意見もあるかもしれない。ビジネスにある程度までギャンブル的な要素が絡んで来ることは否定しない。けれど、僕は敢えてそれはギャンブルとはまったく性質の違うものだと主張したい。

確かに僕はリスクに賭けたけれど、そのリスクの種類と、大きさをはっきりと見極めた上で、リスクをできる限り小さくし、そのリスクに対処する方法をあらかじめ用意していた。当たれば成功、外れれば失敗という、一か八かの賭けをしたわけではないのだ。

あの時点での最大のリスクは、インターネットの普及するスピードが、僕が予想したよりも遅くなるということだった。1997年段階の普及率では、楽天市場がいくら魅力的でも多くの人を集めることはできない。インターネットが急速に普及するという予測の下に構築したビジネスモデルだった。予想したほどそのスピードが上がらなければ、楽天市場の経営が破綻する可能性はあったのだ。

そのリスクに対処するために、1ヶ月の出店料を当時の常識外れの5万円という低価格に抑えると同時に、出店者はその出店料を半年分前払いするシステムにした。予想通りにインターネットが普及しなくても、このシステムなら、経営を続けていくための最低限のキャッシュフローは確保できる。資本金を低く抑え、社員の数を少なくしたもうひとつの理由もそこにある。会社の規模が小さければ小さいほど、それだけ長期間にわたって、インターネットが普及するのを〝待つ〟ことができるわけだ。単純にリスクを取るだけでなく、そのリスクの種類と大きさを見極めて、リスクが現実になっても対処できるだけの用意をしておいたのだ。

リスクを取ることがチャンスにつながるのは、リスクのある場所には、競争者が少ないという大きなメリットがあるからだ。楽天市場の競争者は、事実上ゼロだった。それが楽天の成功に結びついたことは言うまでもない。

その種類と大きさを見極めて、きちんと対策を練ってさえおけば、大きなリスクは、大きなチャンスになるのだ。

31 身近なベストプラクティスを探せ。

仕事のヒントは、まず身の回りから探そう。何かに行き詰まったときも同じだ。答えは自分の隣の席の人が知っていたりする。

ところが、人は自分の周囲をあまり見ようとしない。『青い鳥』の童話のように、遠くばかりを探してしまう。遠くのものの方が、価値があると思い込んでいる。それは錯覚だ。手に入れるのが難しいほど、価値があるものという感覚が、刷り込まれてしまっている。黄金や宝石は確かにそうかもしれないが、仕事のやり方などというものは、そういうものではまったくない。

日本の職場と、ドイツの職場がまったく同じとは言わないけれど、仕事の本質が変わるわけはない。つまり、それぞれの人が抱えている問題だってたいした差はないわけで、当然のことながら、その対処法にしてもそれほどたくさんあるわけではない。

要するにひとつのグループの中には、その問題を上手く解決している人もいれば、上手く解決できていない人もいるということなのだ。

だから、遠くを探して見つかるものは、自分の近くにもある。自分の周りを探せば、答えはたいてい見つかる。見つからないのは、見ようとしないからだ。自分の同僚の仕事のやり方を、本気で知ろうとしたことはあるだろうか。

こういうことがあった。

以前、楽天市場には2ミニッツ・コールという、僕が考えたシステムがあった。

ネットで楽天市場に資料請求のメールが来たら、必ず2分以内にその資料請求をして下さったお客様に、担当者が電話をするというシステムだ。

お客様の側からすれば、楽天のインターネットのページを見て資料請求をしたら、そのページを閉じる間もなく、楽天から電話がかかってくるわけだ。さすがにちょっと驚くだろうし、それはやっぱり信頼感も増す。2分以内というレスポンスの速さで、コンピュータのプログラムが自動的に動いているだけでなく、しっかり人間がそれをサポートしているということを、実感してもらえるわけだ。

資料請求というアクションが、たとえば契約という次の段階に進む可能性は、それだけで増える。実際にこのシステムを導入した楽天市場では、かなりの効果を上げている。

システムといっても、それほど複雑なものではない。資料請求のメールが来たら、2分以内にその顧客に電話をする担当の係を作っただけのことだ。今でもその姿勢は変わっていない。

様々なインターネットのビジネスで応用の利く工夫だと思うのだけれど、同じ楽天のグループの中ではなかなか広まらなかった。身近にとても簡単にできて、おそらく成果をあげる工夫があるのに、誰も気づかなかったわけだ。ところが、この工夫がアメリカにある楽天の子会社ではどんどん広まっている。アメリカの社員がすごいという話ではなく、同じ楽天の社員でも、日本の社員には灯台もと暗しだったのに、太平洋の向こうにいる彼らにはそうではなかったということなのだろう。

成功例は、自分の近くに潜んでいる。

仕事の中身の大半はエグゼキューションであり、オペレーションなのだ。優秀な人間が優秀なのは、何よりもエグゼキューションやオペレーションの違いなのだと知ろう。

才能を真似ることはできないけれど、エグゼキューションとオペレーションを真似ることは誰にでもできるのだ。

32

自分と価値観の違う他人の意見にこそ耳を傾ける。

耳に心地よい意見には誰でも喜んで耳を傾けるわけで、だから、ここでいう他人の意見というのは、もちろん耳に心地よくない、あるいは耳に障るどころか腹まで立ってしまうような意見のことだ。そういう意見を聞くのは、難しい。

難しいのは、自分の心構えの問題もあるけれど、それ以上に、なかなかそういうことを直接言ってくれる人が、歳を取るにつれて見つからなくなってくるからだ。

新入社員の頃はいい。耳に痛い意見は、周囲から雨あられのごとく降りそそぐ。歯を食いしばって耐えることだ。的外れな叱責もあるだろうし、勘違いの意見もあるかもしれない。単なる悪意からの批判だってないわけではない。胆《たん》を練る修行だとでも思って、ひたすら聞くことだ。言葉は悪いが、盗人にも三分の理という。どんな意見の中にも、ひとつくらいは自分の役に立つことがあるはずだ。一人になったら、それをノートにでもきちんと書いて、自分を高めるために使えばいい。悪意のある批判への、最大の仕返しはそれしかない。感情的になって相手に腹を立てても、何も得るものはない。

問題は、自分がそういう耳に痛い意見を聞くことが、あまりなくなってからだ。これはもう、自分が積極的に耳に痛い意見も聞くのだということを、言葉でも態度でも、周囲に常に示しておかなければならない。

だから僕は自分のオフィスにはドアを設置していない。意見があったら、いつでも来てもらいたいからだ。

そして、いつもこう言っている。

「意見があったら、何でも言ってくれ。僕も人間だから、言われたら腹を立てることはあるかもしれない。けれど、どんなにむかついても、面白くないと思っても、絶対に減点評価だけはしない。それは絶対に約束するから、どんどん言ってくれ」と。

これは、あまり書きたくないのだが、正直に言って、そういう意見が必ずしもすべて僕の役に立つわけではない。間違っているというより、視野が狭かったり、あるいは物事を長期的に考えていないことが多いからだ。それは考えが深いとか、浅いということではなく、要するに視点の問題なのだろうと思う。経営者というものは、基本的に社員よりも高い位置から物事を見ている。全体を俯瞰《ふかん》しなければ、正しい進路を示すことはできないからだ。だからその視点から見れば、まあ、的外れだなと感じる意見も少なくないのだが、それを言ってしまったら、自分が裸の王様になってしまうことは目に見えている。

裸の王様になるのも恐《こわ》いけれど、それ以上に恐いのは、裸の王様の周囲にいる人間の思考が停止してしまうことだ。

議論ができない環境は、人の心と判断力を殺してしまう。

そうならないためにも、自分で意識して心をいつも開いておかなければならない。

100の意見を聞いても、意味のある意見はたったひとつかもしれない。それでも、そのひとつの意見が、自分の致命的なミスを突いていることもある。たったひとつの意見が、会社を救ってくれることもあるわけだ。

そしてそれだけでなく、どんな意見にも耳を貸すというリーダーの態度が、組織の風通しを良くし、メンバーひとりひとりが、自分の頭で物事をしっかり考えるという環境を作り出してくれる。それこそが、組織にとっては重要なことなのだ。

自分と価値観の違う人間の意見こそ、大切にしよう。そして、それを態度で示そう。

33

協調と競争のバランスが大切。

楽天は、かなりの競争社会だ。

けれど、そこは仕事の達成感を共有する場でもある。

社員同士は、ライバルでもあり、同時にかけがえのない仲間でもある。

相容《あいい》れないことのようだけれど、楽天の中では矛盾していない。

矛盾していないというよりも、自然界がそうであるように、ひとつの組織の中には、協調と競争の両方がなければいけないのだ。

協調するだけでは、緊張感が失われる。

競争だけでは、チームワークが乱される。

これはひとつの組織の中だけの問題ではなく、社会全体の問題でもある。

ビジネスの世界も複雑化しているから、競合相手とも協調しなければいけないという部分が無数に生じている。

協調と競争を共存させ、そのバランスをいかに取るかが大切なのだ。

バランスを取るためには、単純な弱肉強食という発想から脱却して、大きな視野で全体を見渡す姿勢が必要だ。

社会全体の発展、あるいは業界の発展、そういうものなくして企業や個人の発展はないのだということを悟らなければいけない。

競争することは大切だけれど、その競争が全体の発展に貢献しているのか、それとも阻害しているのか。時には立ち止まって、そのことを考えてみる必要がある。

今が競争すべきときなのか。それとも、協調すべきときなのか。

意地や見栄を捨てて、客観的に第三者として、そのことを考えるのだ。

そして協調すべきときは、心から協調し、そして競争すべきときは、全力で、ただしどこまでもフェアに競争する。

そういう姿勢を貫くべきだ。

それは、企業も個人も同じことなのだ。

34

後輩を指導することで、自分のレベルを上げる。

リーダーは教育者でなければならないと別の項で書いた。
人に何かを教えることは、自分が学ぶことでもある。
後輩の指導を任されて、面倒な仕事を押しつけられたと感じる人も少なくないだろう。
それは自分の仕事を、客観的に把握できていない証拠だ。

人にものを教えるためには、自分が普段は考えずにやっていることを、意識化して、分析して、他者に理解可能なレベルまで言語化しなければならない。仕事の手順や方法論にしても、いつも完全に同じなら、教えるのに苦労はない。

ところが現実の仕事は、それぞれに特殊な事情を抱えているものだし、しかもきわめて頻繁に予想外の事態が起きる。手順や方法論は、状況に応じて柔軟に変えていくわけだ。自分がどう状況を判断し、どう物事を処理するのかということを、いつも徹底的に考えていなければ、その柔軟性というようなものまではとても教えられないはずだ。

教えるのが面倒なのは、つまりそういうことをしていないということだ。

もちろん、それが普通なのだ。そこまで考えて仕事をしている人はなかなかいない。だからこそ、後輩を指導することが、自分のレベルアップにつながる。

時々、人を指導するのが驚くほど上手な人がいる。ビジネスの世界ではあまり目立たないけれど、たとえばスポーツの世界なら、すぐにでも何人か思い浮かべることができるだろう。そういう人は、ほとんど例外なく若い時代に凄い苦労をしている。ありとあらゆる試行錯誤を繰り返し、そのスポーツのことを考え抜いた経験があるから、他人に教えるのが上手なのだ。

苦労は買ってでもしろというのは、そういう意味もあるのだろう。

後輩を指導するということは、この苦労を買うということでもある。自分がしてこなかった試行錯誤を、後輩を通じて追体験するわけだ。

後輩といっても、それぞれに資質も違えば性格も違う。褒めて育てた方がいい後輩もいれば、叱らなければ育たない後輩もいる。だから、後輩を指導することは、人を見る目を養うことにもなる。

そしてもうひとつ、そういう理屈は抜きにして、後輩を指導するからには、自分がまずしっかりしなければならない。礼儀のなっていない新人が、後輩が入ったとたんに、礼儀を身につけるというのはよくある話だ。子供が親を作るというのと同じ意味で、後輩が先輩を作るのだ。

自分をレベルアップするためにも、後輩の指導を疎《おろそ》かにしてはいけない。

35 WIN-WIN関係を創造せよ。

相反する利益を一致させるのが、ビジネスの根本原理だ。

その昔、海賊は商人でもあったという。

相手によって、海賊にもなり、商人にもなった。つまり、略奪する方が効率が良ければ略奪し、取引をした方が有利なら商売をしたということだろう。略奪にも、それなりのコストがかかるのだ。

これは極端な例だけれど、現代社会でも似たような話はある。

論理的に、商取引における当事者の利益は相反する。売る側の1円の得は、買う側の1円の損なのだ。海賊ではないけれど、その得を取れるチャンスさえあれば、なんとか取ろうとするわけだ。

もっともそういう方法では、ビジネスを大きく成長させることはできない。

海賊が横行できたのは（今でもそういう地域はあるが）、世界が広かったからだ。世界が狭くなって、海賊は活躍の場を失った。取り締まりが厳しくなったからというより、取引における信用の重要度が増したからだろう。略奪よりも、商取引の方が利益を上げるようになったのだ。

インターネットの出現で、世界はさらに狭くなった。そして、ビジネスにおける信頼関係の重要性は、過去とは比較にならないほど大きくなった。

今や顧客や取引先はもちろん、社会との間に信頼関係を築くことが、ビジネスを成長させる絶対条件なのだ。

信頼関係を構築するためには、相反する利益を一致させるという、論理的には矛盾することを実現していかなければならない。それがつまり、WIN－WIN関係を構築するということ、つまりその取引が自分にも相手にも有利なものにするということだ。

この論理的に矛盾することを可能にするのが付加価値だ。その取引に、付加価値があれば自分たちが利益を失うことなく、相手にも利益を与えられるわけだ。

ここで難しいのは、そのためには常に付加価値を創造していかなければならないというところだ。付加価値を生み出すことができなくなった瞬間に、その企業の社会的使命は終わる。社会から収奪するだけの存在には、海賊のように滅びる運命しか残っていない。

もちろんそれは、楽天も同じことだ。

だから、我々はいつも付加価値を創造するために走り続けなければならない。顧客の人生を豊かにし、社会に貢献するためには何をなさなければいけないか。それをいつも本気で考えて、実現していく。

それが現代のビジネスに取り組む人間の使命であり、また競争を勝ち抜くための最善の方法論なのだ。

36

基本は、フットワーク軽く動く。

ビジネスパーソンの資質として、フットワークの軽さはきわめて重要だ。

経験的に言っても、今まで出会った優れたビジネスパーソンは、ことごとくフットワークが軽かった。

このことについては、ただ一人の例外もない。

決断が速い。実行が速い。そして、文字通りフットワークが軽い。

今できることは、些細なことでも今やってしまう。面倒なことはなおさらだ。やらずにおけば、どんどんやる気がしなくなる。

要するに、普通の人が持ち越すことを、絶対に持ち越さない。

性格的にせっかちな人が多いのも事実だけれど、それがいちばん効率がいいことを感覚的に知っているからだろう。逆に言えば、この感覚がなければ、ビジネスパーソンとして成功することはできないのだ。

世の中の多くの人は、ビジネスパーソンの優劣は、能力の差で決まると思い込んでいる。

確かに人の能力に差があるのは事実だけれど、それでは能力の高い人が優れたビジネスパーソンになっているかというと、必ずしもそうとは言えない。それは、誰もが経験上、よく知っているはずだ。

けれど、このフットワークの軽さについては、そういう例外はない。今日できることを今日のうちに片付けてしまう人と、今日やれることを明日に持ち越す人とを比べたら、確実に前者の方が優れたビジネスパーソンだ。つまり、能力の差よりも、フットワークの差の方が、より本質的ということなのだ。

これは要するに、ビジネスにおいては、能力よりも時間がモノをいうからだ。

1日は24時間、1年は365日。それは、誰にとっても変わらない平等な条件だ。その平等に与えられた時間を、いかに効率よく使うかが大きな差になって表れる。フットワークの軽い人は、そうでない人に比べて、何倍も時間を有効に使っている。それはつまり何倍もの時間を与えられているというのと同じことなのだ。いくら能力が高くても、1日が24時間でしかない人は、1日を30時間にも、40時間にも使える人にかなうわけがない。

フットワークが十分に軽ければ、能力の差を逆転することができるのだ。言い方を換えれば、フットワークの軽さこそが、ビジネス上の重要な能力ということになる。

そして、このフットワークの軽さは、他の能力とは違って、心がけ次第でいくらでも身につけることができるのだ。

やると決めたらすぐやる。後回しにはしない。後回しにすることは、やらないのと同じことだと割り切ろう。つまり、やるかやらないかの判断をその場で下してしまうのだ。そうすれば、仕事が溜まるということがない。その結果として、いつも自分の直面している問題に、全力で取り組むことができるというわけだ。

もっとも、どんなことでも、今すぐに決断を下さなければいけないわけではない。「基本は、フットワークを軽く」なのだ。その基本から外れることも時にはある。今は判断を下さずに静観した方がいいこともあるわけで、その見極めだけは忘れてはいけない。基本的に後回しはなしだけれど、時には後回しにした方がいいこともある。

矛盾したことを言うようだけれど、フットワークを軽くすることを心がけながら、いつもそのことは忘れないように、心の隅に書きとめておこう。

37 報・連・相をこまめに。

これは、初心者用のビジネス読本に必ずといっていいくらい書かれていることだ。誰もが知っているはずなのだが、誰もが実践しているとはとても思えない。ビジネス上の大きな失態のかなりの割合が、これだけのことで防げるというのにである。新米社員に限らず、地位の上下にかかわらず、会社内のあらゆる場所で見られる現象だ。

報とは報告。つまり、結果が出たあとに「こうなりました」と報告すること。連は連絡。進行中に、「こうします」と状況を連絡すること。そして相は相談。事前に「こうしたいのですが」と相談することだ。

何もかもすべて、報・連・相しなければいけないという話ではない。それでは、ロボットになってしまう。会社が必要とするのは、自分で判断して行動できる人間なのだ。そんなことをしたら、上司に「うるさい」と叱られることは間違いない。

大切なのは、どれを相談し、どれは連絡にとどめ、そしてどれは報告で済ませるかの判断だ。原則的には、仕事の重要度で決まることは言うまでもないが、それ以外にも、上司との関係や、自分の力量によってでも、判断は変わってくるだろう。だからこれは、自分で考えるしかない。この件は報・連・相のどれでいくかを、自分なりにひとつひとつきちんと、上司の立場になって考えることだ。それをよく考えずに、報・連・相をごっちゃにするから、仕事がややこしくなる。

「なんでお前は、事前にちゃんと相談できないんだ！」と怒鳴られて、次の仕事を相談すると「どうしてそんなことまで相談するんだ！」と叱られるというわけだ。

ひとつだけ憶えておいて欲しいのは、常に報告を欠かさなければ、それでほとんどは上手くいくということだ。これは新入社員時代よりも、むしろキャリアを積んで、地位がある程度上がったくらいの時期になると、より大切な問題になる。中間管理職になって、自分も部下を預かるようになるとなおさらだ。プライドの問題もあるのだろうが、とにかく報告が疎かになりがちだ。上司にしても、相手は新入社員じゃないわけで、それほど報告しろと口喧《くちやかま》しく言えない。それで、不安になるわけだ。

現代には、この不安を簡単に解消する道具がある。メールやチャット1通で、こうなりましたと報告すれば済む話なのだ。それだけで、上司との信頼関係も築けるのだから、これを使わない手はない。あまりに単純な話だけれど、サラリーマンのコミュニケーション戦略で、もっとも重要なことではないかと僕は思っている。

38 様々な角度から分析せよ。

たとえば、楽天市場を様々な角度から眺めてみる。

それは、売買関係である。

コミュニケーションでもある。

ひとつのエンターテインメントでもある。

あるいは、会員ビジネスととらえることもできる。

通販事業の進化形と考えることもできるし、インターネット利用の一形態と見ることもできる。売買ととらえるとしても、それでは消費とは何なのか。モノを売るとはどういうことか。

眺める角度をちょっと変えるだけで、見えるものはまったく違ってくる。

その見えるものとはつまり、問題点であったり、アイデアであったりするわけだ。

眺める角度をひとつ増やすたびに、新しい問題点やアイデアが見えてくる。

様々な角度から分析するということは、様々な角度から問題点をあぶり出し、アイデアを練るということだ。

それは、与えられた仕事だけをこなす段階から、自分で仕事を見つけ出す段階へと進歩するための重要なステップでもある。成長している企業では、そういうモノの見方ができない社員は、遅かれ早かれ淘汰《とうた》されることになる。自分で仕事を見つけられてこそ、はじめて一人前のチームの一員として認められるのだ。

ところが、必ずしもそうではない世界もある。

いわゆる〝サラリーマン〟はこれをやらない。〝サラリーマン〟とは、自分の時間を切り売りするのが仕事だと思っている、当事者意識を持たない人という意味だ。そういう意味では、現在の官僚や役人の多くも典型的な〝サラリーマン〟だろう。

彼らは自分に都合のいい角度からしか、物事を見ようとしない。

もちろん、わかっているのだ。

他の角度から見ることもできるのは百も承知の上で、それをやらない。そんなことをしたら、自分の仕事が増えるだけと思っているのだろう。自分の仕事の結果に対して責任を負っていないからだ。

言葉は悪いが、なんとつまらない人生を送っていることかと思う。

角度を変えて見るだけで、自分のなすべきことはいくらでも見えてくるというのに。

そういう態度では、なすべきことを成し遂げたときの喜びを、一生味わうことができない。単に自分の時間を、日々の仕事に費やして一生を終えるしかない。

そうならないためにも、ひとつの物事を様々な角度から見る癖をつけよう。自分の取り組んでいる仕事を、ひとつの方向からだけでなく、様々な方向から眺めてみれば、日頃は気づかなかった、いくつもの改善すべきポイントや、新しいアイデアが見えてくるはずだ。短絡的に考えれば、それは自分の仕事を増やす行為でもある。けれどそれは、仕事を単なるルーティン・ワークの繰り返しから、本当の意味で取り組む価値のある〝自分の仕事〟へと進歩させるためには、どうしても欠かせない作業だ。

学生時代の試験のように、誰かから与えられた問題を解くことが仕事の本質ではない。仕事の本質は、自分で問題を発見することだ。

物事を様々な角度から見て、問題を発見する。そして、その問題を解決する。その繰り返しこそが、仕事の本質であり、また仕事の喜びの源泉でもあるのだ。

39 不調なときでも、その中に成功している人（部署）を探し、分析せよ。

たとえば会社の業績が悪化しているときには、何をやっても効果はないし、どこの部署も上手くいっていないように見える。もうこの会社は駄目なんじゃないかと思う。

それは、早計だと僕は思う。

どんな不調なときでも、良い兆しというのは、どこかにあるものなのだ。

それを探して、その兆しを大きくする努力をするべきだ。

物事というのは、見方によって、見え方が１８０度違ってしまうのだ。

これはもう何度も書いたことだけれど、楽天市場がスタートしたとき、最初の月の総売り上げは32万円だった。そのうち18万円は僕が買っていたので、13店舗のショッピングモールでたった14万円しか売れなかったことになる。不調なんてものじゃない。完全に終わっていると言われたものだ。

だが僕はそう考えなかった。

14万円しか売れなかったのではなくて、14万円も売れたのだ。

オープンしたばかりの、海の物とも山の物ともつかない楽天市場で、日本人はインターネットではモノを買わないよとみんなに言われているにもかかわらず、14万円もの売買が成立した。ということは、14万円分買ってくれた人がいたのだ。

1万円の商品が14個売れたのか、100円の商品が1400個売れたのか、どんなお客様が、何を、なぜ楽天市場で買ってくれたのか。それは、14万円という総売り上げの数字を見ただけではわからない。それをきちんと分析もせずに、数字だけ見て、がっくり肩を落としても仕方がない。14万円買ってくれたということは、14万円買っただけの理由がどこかにあるはずなのだ。

ゼロは何倍してもゼロだ。けれど、ゼロではなかった。14万円なのだ。買ってくれた理由を探し出し、それを増やす努力をすれば、その14万円は何倍にも、何百倍にもできるはずだ。

そう考えてみんなで努力した結果が、現在の楽天だ。

何百倍どころではなかった。

それから27年で、楽天のグローバル流通総額は40兆円を超えたのだ。

世の中がどんなに不況でも、成功している企業はある。どんなに上手くいっていない企業でも、上手くやっている部署や人はいる。パンドラの箱の底に、希望が隠れていたように、希望の種は必ずどこかにあるものなのだ。

その希望の種を探そう。

周囲のすべてが不調なのに、その部署やその人が上手くいっているということは、そこにその不調から脱出する鍵が隠されているということでもあるのだ。

40

常にChallenge Spiritを忘れるな。ベンチャーとは冒険であり、挑戦である。

挑戦する心を失ったら、仕事の喜びの大半は消える。

そして、どんなに勝っていても、必ず逆転される。

それは、歴史が証明していることだ。

まして僕たちのようなベンチャービジネスがそのことを忘れたら、この社会に存在する意味すら失ってしまう。

ベンチャーとは、冒険であり、未知への挑戦なのだ。

荒野に道を切り開き、誰も登ったことのない山を目指す。

未知の世界に挑んで、この世に新しい価値を生み出す。その新しい価値で、世界の幸福に貢献する。

それが、僕たちの仕事の核心だ。

もちろん、新しい価値を生み出すという作業が、簡単なわけはない。そこには、必ず大きな困難が待ちかまえている。

その困難こそが、成長の糧なのだ。

困難を克服してこそ、ベンチャービジネスの成功がある。困難の存在しない場所には、本当の意味での成功もない。

もちろん、必ず成功するという保証はどこにもありはしない。

僕たちが取り組んでいるのは、答えの出ていない問題だ。

最初から答えの出ていることは、他の人に任せればいい。他の人にできないこと、自分たちにしかできないことに挑むのが、ベンチャービジネスなのだ。

この世に不可能はない。

自分を信じ、仲間を信じて、不可能を可能にするために、全知全能を尽くして考え、全身全霊で努力する。

走りながら考え、考えるために走る。

そして、誰も成し遂げたことのないことを成し遂げる。

それが、ベンチャービジネスの精神であり、チャレンジ・スピリットという言葉の意味なのだ。

企業がどれだけ成長しても、どんなに大きな成功を成し遂げても、そのことだけは忘れてはいけないと思っている。

第4章

組織を動かす

組織を動かすことができなければ、大きな仕事は成し遂げられない。
組織を育て、組織を動かすことを学ぼう。

41 組織を動かすために係数化（KPI化）する。

係数化するというのは、もう少し具体的にいうとKPI化するということだ。

KPIは、キー・パフォーマンス・インディケイター（Key Performance Indicator）の略。

大きな目標を達成するために、中間的な数値目標を作る。その具体的な数値目標のことを、KPIと呼ぶ。

組織を動かすためには、大きな目標が必要だ。

けれど、その大きな目標を確実に達成するためには、その目標を達成するまでの道のりを具体的に目に見える形で表現する必要がある。組織のひとりひとりのメンバーが、自分たちがどこまで歩いてきたかを確認する目印がなければ道に迷いかねないのだ。

KPIはつまり、そのための目印のようなものだ。

たとえば営業なら、一人が何件の契約を取るとか、何人の新規顧客を獲得するとか、目標をその達成の鍵になる数字で表し、達成できているかどうかを細かく自分で確認できるようにするわけだ。

組織が大きくなり、目標もそれに応じて大きくなると、個々のメンバーの仕事は相対的に小さく感じられるようになる。自分一人が今日1日手を抜いても、大勢に影響はないだろうという心境になるのも、ある面では仕方のないことかもしれない。

けれど、それをそのままにしておいたら、組織全体の動きが鈍くなる。

組織全体の大きな仕事と個々の抱える小さな仕事、何年もかけて成し遂げるべき大きな目標と今日1日になすべき小さな目標、その架け橋になるのがつまりKPIなのだ。

漠然とした言葉の目標ではなく、具体的な数字の目標を設定し、日々の仕事の中でそれが達成できたかどうかをひとりひとりが確認する。地味な作業だけれど、この地道な作業が組織をダイナミックに動かす原動力になる。

結局のところ、どんなに大きな企業の仕事も、ひとりひとりのメンバーの仕事の積み重ねでしかないのだ。

一人が1日に1歩前へ進めば、3万人の会社は3万歩、1年続ければ1000万歩以上進むことになる。けれど、確実に1000万歩前進するためには、3万人が一人残らず確実に1日1歩前へ進まなければならないのだ。

ベンチャー企業はアイデア勝負だなどといわれる。アイデアさえ良ければ、企業として成熟していなくても、成功を収められるということだろう。ベンチャー企業は、アイデアはあっても、社員の質に問題があるといわれているようなものだ。

僕はそういう意味でのベンチャー企業を起こしたつもりはない。アイデア勝負ではなく、社員ひとりひとりの能力と質を高め、どんな老舗《しにせ》企業にも負けない企業に育てることが目標だ。そのためにも、ＫＰＩという客観的な数値目標は、きわめて重要な考え方だと思っている。企業の質を高め、新しいサービスを構築していくのが、これからのインターネット系企業の進むべき道だと考えている。

42 リソースアロケーションに敏感であれ。

リソースとはすなわち資材、それをビジネス単位でどう配分するかというのが、すなわちリソースアロケーションだ。このリソースアロケーションに敏感であることは、規模にかかわらずどんな企業でも重要だ。

会社の資材には業種によっても様々なものがあるが、あらゆる企業にとって最も重要なのは人材と資金だ。人と金を、どのように配分するか。それがきわめて重要なことはみんなわかっているはずなのだが、これが意外にアバウトになっている。たとえば経営感覚などという曖昧な言葉で、要するに直感だけで決めていることが多い。

経営者のみならずリソースアロケーションはあらゆる人にとって重要な問題だ。それは有限な資材をどう振り分けて使うかという問題でもある。

個人のケースでいえば、自分の金と時間をどう使うかという配分について、論理的に考えたことがあるだろうか。資材の割り振りを合理的に行うには、全体の量とそれから個々のビジネスの必要性を考慮しなければならないはずだ。ところが実際には、場当たり的になっていることが多い。

僕は毎朝1時間早起きして、英語の勉強をしていた時期がある。これが会社から帰ってから寝るまでの1時間と決めていたら、きっと続かなかったと思う。残業で遅くなることもあるし、酒の誘いもあるわけだ。サラリーマンである以上は、毎朝決まった時間に起きなければならないわけだし、その時間を1時間早めるのは、実際にやってみればわかると思うけれど、想像するほど大変なことではない。2時間、3時間早く起きることだって本当は簡単なのだ。欧米のエリートには、朝の4時とか5時にオフィスに出社する人が珍しくない。その時間帯なら、電話もかかってこないし、会議だの相談だのにわずらわされることもない。遥かにたくさんの仕事を処理できるのだ。他の社員が出社するまでに、自分の1日分のデスクワークを片付けておけば、1日を何倍も有効に使えるわけだ。これが日本なら、通勤ラッシュとは無縁の生活ができるというオマケもつく。些細なことだが、そういう小さな工夫が生活を刷新し、自分の新しい可能性を開いてくれるのだ。

組織としてのリソースアロケーションにしても同じことだと思う。大切なのは、常識をいつも疑いながら、どこまでも合理的に考えることだ。たとえば重要なセクションだからといって、単純に優秀な人員をたくさん割り振ればいいというわけではない。経験は足りなくても、やる気のある少人数の若手に任せた方が、大きな成果をあげる場合もある。人の能力は固定的なものではないし、環境や状況によって、表面化していなかった才能が開花することもあるからだ。人と人の組み合わせが、化学変化を起こすことだってあるわけで、そういう化学変化を起こすのが人事の仕事なのだと思う。データとして上がってくる能力や、適正に人員を配置するだけなら、コンピュータにだってできる仕事なのだ。

企業の規模が大きくなると、そういうことが物理的に難しくなるのはよくわかる。けれど、組織が大きくなったらなったで、その困難を全体のシステムの中でいかにして克服するか、その方法を工夫できるか否かが、その後の企業の成長を左右するのだと思う。

企業が老化するというのは、このリソースアロケーションが、ある種のルーティン化してしまうということと関係があるような気がしてならないのだ。

43
リーダーとは指揮官であり、教育者であり、戦略家である。

これはどんな小さなグループのリーダーにもあてはまることだ。

若い人は特に、リーダーというと、指揮官の仕事だけを考えてしまうけれど、グループを指揮するだけでは本物のリーダーとは言えない。

戦略家であるというのは、物事の全体を俯瞰で見て、足下の戦術面だけでなく、大きな戦略を常に意識していなければならないということだ。スキーの喩えでいえば、足下だけでなく、遠くを見ること。自分たちが何のためにどこへ行こうとしているのかを忘れてしまったら、正しく部下をリードすることはできないのだ。

それにこの戦略的な思考が欠けていると、特に不測の事態が起きたとき、何か失敗とかトラブルがあったときに、適切な対応ができなくなる。

損失を最大限に減らすのが、失敗に対する最善の対応策であることは、誰でもわかっている。損失が一種類なら、対策を考えるのはそれほど難しくないかもしれない。

けれど、実際のトラブルというのは、様々な種類の損失を生じさせるものだ。収益、顧客の信用、あるいはチームの士気……。様々な損失の中で、今この局面で最小限に食い止めなければいけないのはどの損失なのか。

それを的確に判断するためにも、戦略的思考は不可欠なのだ。負け戦《いくさ》の上手な武将が、良い武将と言われたのも、つまりはそういうことだろう。

リーダーの資質として、もうひとつ忘れてはいけないのが教育者としての資質だ。これは、特に強調しておきたいと思う。

リーダーになるくらいの人物は、自分の行動や判断には自信を持っているはずだ。けれど、それを他人に教えられるかどうかは、また別の問題だ。

優れた選手が必ずしも優れた監督になれるわけではないというのと同じ話だ。自分が直感的にやっていることを、他人に教えるのは難しい。まして、自分とその相手に、才能の差がある場合はきわめて難しくなる。

バッティングのコツを聞かれて、「来たボールをひっぱたくだけです」と言った人がいるけれど、これはまさに天才の言葉だ。この15文字の中に、バッティングの極意がおそらくすべて詰め込まれている。

ただし、凡人はそれを理解できない。天才の才能を、凡人に理解できる単位にまで、分解しなければならない。直感の内容を、言語化しなければ他人には伝わらないのだ。

思い上がった言い方だけれど、僕がこの本を書いている最大の理由もそこにある。

能力のある個人が集まるだけでは、いい会社は作れない。個人が去れば、会社からその能力が失われてしまうからだ。能力を伝える仕組みを構築する必要がある。単なる知識を植え付けるのではなく、社員の能力そのものを高めることができてはじめて社員教育というのだと思うし、そういう社員教育のシステムがなければ、会社は長続きしないのだ。

リーダーはその作業をしなければならないということだ。

自分がやると、なぜ上手くいくのか。それを徹底的に分析し、もう一度自分で理解した上で、部下に伝えることのできる教育者でなければならない。チームを成長させ、その成長の結果として、何であれ目標を達成する。そして、さらに高い目標に挑む……。

この幸福なスパイラルを作り上げることができるのが、真のリーダーなのだ。

44

組織を生かし、物事を達成せよ。やる気になれば、10倍のスピードで組織は動く。

組織というものに対する批判が多い。

組織が硬直化しているとか、組織が動かなくて困るとか。官僚制に対する批判も、要するに同じことだ。組織内部の人間が、そういうことを言うのだから情けなくなる。

組織を動かすのが、自分たちの仕事だろうと言いたくなる。

個人にはできないことをするために組織はある。組織の人間にとって、組織とはつまり道具だ。その道具を使いこなせないでどうすると言いたい。料理人なら、包丁が錆びないように毎晩研ぐわけだ。運転手なら、クルマにガソリンを入れ怠りなく整備する。包丁が切れないから料理ができないとか、クルマが故障したから運転できないなどという職人は一人もいない。それが、仕事なのだ。組織は、包丁やクルマに比べたら、何万倍何十万倍も複雑な道具なのだ。組織を動かす工夫や努力を怠ったら、動かなくなるのは当たり前だ。

だからいつも、組織を動かす工夫と努力を続けよう。

動かない組織を動かすには、時に荒療治も必要だ。

組織が動かない最大の理由は、アイドリングタイムの長さにある。あらゆることに無駄な時間をかけている。その無駄をすべてばっさりと切り捨てるのだ。

どんな組織でも、大雑把に言って現在の10倍の速度で動かせると僕は思っている。その10倍の速度を目標にするのだ。つまり、会議でも何でも、かける時間を10分の1に削る。2時間の会議は12分にする。無茶と言われようが、何が何でもそれをやり抜く。

自分たちの組織が10倍の速度で動けることを知れば、全員の意識が変わるはずだ。同時に、仕事にやり甲斐を感じるようになる。どうせ走るなら、速く走った方が面白いに決まっている。デレデレと走っているから、仕事が面白くない。まして、自分たちがそんな速度で走れることに気づいたら、もっと走りたくてたまらなくなるはずだ。

そういうことを感覚としてわからせるのが、組織を動かすということだ。

それにしても2時間の会議を12分にするなんて、無理だという人がいるかもしれない。

僕は楽天でそれをやった。2時間の会議で、判断に使う時間など5分以下だろう。あとの1時間55分は、基本的に説明に費やされる。それならば、その説明は紙ですればいい。

会議の前日までに、発言者はそれぞれの内容を文書にまとめて提出することにした。そういう作業は、1時間の会議のときもやっていたわけだ。ただ、それを清書して提出するという手間が増えるだけだ。出席者は会議のときまでに、それをすべて読んでおく。それも自分の空き時間を使えばわけもないことだ。実際の会議では、不明点があればその質疑応答に5分、判断に5分で2分のおつりが来るというわけだ。

最初は戸惑った人もいたようだが、この方式はきわめて円滑に機能している。口頭で話すより、文章にした方が、論旨の弱い部分や、曖昧な部分がはっきりする。この方式を続けるにつれ、みんな論旨を明確にまとめるのが上手になった。会議の内容が以前よりはるかに有意義になったという副産物まで生まれたわけだ。

その気になれば、組織は10倍のスピードで動く。そして組織は高速化するほど、機能が増大するのだ。

45

競争原理を働かせる。

ダーウィンの提唱した適者生存則、自然淘汰は自然界の法則だけれど、企業を進化させるために、この法則を導入する。

つまり、組織内に競争原理を働かせる。これは多くの企業が、実行していることでもある。正しく実行しているかどうかは別として。

早い話が、足の引っ張り合いもある種の競争なのだ。だから競争のある環境を作るだけでなく、その競争が企業の成長にとってプラスになる環境を作らなければ意味はないと僕は思う。企業を成長させるのが、社員の能力と、それから仕事に対するモチベーションであることは言うまでもない。競争原理が社員の能力とモチベーションを上げる方向に働くような環境を作る必要があるのだ。

僕は楽天の本社内に、社員の生活をサポートする機能として、朝・昼・晩の食事を基本無料で提供するカフェテリアや、美容院、さらにフィットネスジムも作った。ストレス解消という意味もあるけれど、カラダを鍛えるのもひとつの成長だと思うからだ。仕事をする上で必要な能力は、脳の働きだけではない。

どの施設をどう使うか、あるいは使わないかはもちろん自由だ。仕事が忙しくてそんな暇がないという社員が少なくないのは遺憾だけれど、それは競争原理が自然に働いているということでもある。どんなに忙しくても時間を捻出して、ダンベルを上げ、専門書を開く人はいるわけだ。もちろん、それは必ずしも社内でやらなければいけないということではない。大切なのは、企業として、社員それぞれの成長を求めているという態度を示すことだろう。その態度の表現としての施設でもある。

成長の努力を続けた人間と、それをしなかった人間の差は、残酷なくらいはっきりしている。成長できる環境があれば、仕事の業績を上げるためにも、自分の能力を高めることがいかに有効かに気づくはずだ。それに気づけない人間は、淘汰される。

そういう環境を整えた上で、競争の仕組みを作るわけだ。

楽天はかなり厳しい競争社会だと思う。優れた業績には賞も与えるし、きちんと評価もする、そのかわりマイナス評価もしっかりする。

ただし、いわゆる減点主義とは正反対のものだ。何かにチャレンジして、そして失敗することにはマイナス点はつかないのだ。基本的に過失責任は取らせない。

それよりも、何もしないことに対する責任を重く見る。与えられた仕事をこなすだけでは、十分ではない。それぞれのポジションにおいて、より大きな結果を出すために、仮説を立て、それを検証する。その努力を怠れば、大きなマイナスがつくのだ。

マイナス評価によって、報酬を減らされるだけではなく、たとえば役員のポストにある人間が、普通の社員に落とされるというようなこともある。ただし、逆転はいつでも可能だ。マイナス評価で地位を落とせば、その時点でマイナスは消える。そこからプラスを重ねれば、ポジションを上げることはいくらでもできるようになっている。

与えられた問題を解くことしか知らない、現代の多くの若者には厳しい環境だろう。自分で問題を探し、結果を出すことが常に求められているのだ。

けれど、そういう環境に身を置くことが、自分を高めることになるのだと気づいた人たちは急激に成長していく。

そしてその成長そのものが、仕事への大きなモチベーションになる。自己の成長を知ることに優る、人生の喜びはないからだ。

46

達成感を共有する。

何事かを達成する喜びは、決して綺麗事などではなく、金銭などよりも遥かに根源的なところで人の心に響く。その何かを、仲間と一緒に達成したときはなおさらだ。

お金の価値を、過小評価するつもりはない。それは、企業を動かし、育てるエネルギー源だ。利益を上げられなければ、やがて企業は枯れる。僕が起業したのは、大きなことを成し遂げたかったからだけれど、その大きなことを成し遂げるためにもお金はなくてはならないものだ。企業である以上、営利の追求が目的であることは言うまでもない。

社員ひとりひとりにとっても、それは同じだ。収入のために、人は働く。

けれど、営利という目的だけでは、人の本当の力を引き出すことはできない。

これはただの空想だけれど、仲間と一緒に何かを成し遂げる喜びが人の心を揺さぶるのは、人がそういう生き物だからだと思う。人類の祖先が森を離れ、仲間と狩りをして生きるようになったのが、何万年昔のことなのか知らないけれど、以来ずっとそうやって生きてきたわけだ。人は仲間と一緒に生きてきた。そこにいつも仲間と共に何かを成し遂げる喜びがあったことに違いはない。その気の遠くなるほど長い人類史と比べれば、貨幣が登場したのはごく最近だ。金銭的な喜びが、人の根源に触れないのは当然なのだ。

達成感の共有は、企業を育てる原動力だ。仲間と共に何かを成し遂げる喜びが、人を育て、企業を大きく成長させる。だから、職場にはいつもこの達成感の共有がなければならない。成し遂げる何かが大きいほど、喜びが大きいことは言うまでもない。

楽天の新入社員170人に、企業研修のひとつとして、楽天カードの契約を取るという仕事を課したことがある。期間は1ヶ月、新入社員一人につき10枚の契約を取るという目標を課した。昨日まで学生だった彼らでも、10枚くらいの契約は取れるだろうと考えたのだ。

ところが、この目標が達成できなかった。僅かな努力でできるはずのことが、できないというのは、努力をしなかったということだ。僕は彼らに試練を課した。

「期間を1週間延ばす、そのかわり絶対に一人30枚契約を取れ！」

入社早々、社長に激怒され、かなりこたえたであろうことは想像できる。

1ヶ月で10枚の契約が取れなかったのに、1週間でその3倍の目標は、普通に考えれば無茶だ。けれど、何が何でもやると覚悟すれば、たいていのことはできるということを僕は知っていた。不可能に向けて突っ走ったときに、人は本当の力を発揮する。

その1週間が終わったとき、170人の新入社員は1万枚の契約を取っていた。一人あたり58・8枚の契約を取ったことになる。彼らは、社長の鼻をあかしたわけだ。

彼らがどんな顔でその知らせを聞いたのか、想像するのは僕のひそかな楽しみだ。現代の若者も、僕たちの頃のように、抱き合ったり、背中を思い切り叩き合ったりしたのだろうか。たとえ感情表現は違っても、彼らが同じ思いだったことは間違いない。彼らが味わったのは、太古の昔から人を動かしてきた根源的な喜びだからだ。

彼らは大きな目標でも、仲間と一緒に知恵を絞り努力を重ねれば、必ず達成できることを知った。それは彼らの一生の宝物になる。不可能を克服する方法を知ったのだ。

大きな目標に向かって登り続け、仲間を励まし、仲間に励まされながら、道なき道を進んだからこそ、人類の今がある。人類はそうやって、不可能を可能にし、限界を突破して、ここまでやってきたのだ。それ以上に大きな仕事の喜びは存在しない。

47

ボトルネックを見つける。

企業で言えば、どんな部署だって100%の効率で動いているわけではない。それぞれに問題があり、弱点はあるわけだ。それぞれの問題を克服するのは大切なことだが、その前にやらなければならないことがある。そういう問題点の中で、企業全体の効率を下げている部分はどこか、ボトルネックがどこにあるかを見つけることはきわめて重要だ。そのボトルネックを解決しない限り、他の部署がどれだけ努力してもあまり意味はない。

逆から言えば、ボトルネックの解決は組織全体の効率を上げるということだ。小さな努力で、大きな効果が上がるわけだから、これをやらない手はない。

いつも全体を見渡して、ボトルネックがどこにあるのかを見つける目を養おう。これは組織だけでなく、個人にとっても役に立つ考え方だ。たとえば自分の仕事のボトルネックはどこにあるのか、それを考えることが大きな結果につながる。

楽天は2007年に品川の社屋に引っ越しをした。本社機能のかなりの部分を、東京都品川区にある楽天タワーというビルに集中させたのだ。23フロアあるビルで、5000人の社員が仕事をしていた。10基のエレベーターはフル稼働だ。それでも朝の通勤時間帯や、社員全員が出席する毎週月曜日恒例の朝会の前後には、かなりのラッシュが起きていた。５０００人の社員を、それぞれのフロアに送り届けるには、30分もかかってしまう。エレベーターホールは大混雑で、みんなイライラしながら順番を待つという日々だった。仕事の効率を上げろということは、いつも口喧しく言っているから、みんなそれぞれに努力はしている。内心では評価していたのだが、このエレベーター問題に関しては、じっと我慢して待つしかないと諦めているようだった。漫然とエレベーターを待っている彼らの姿を見ていたら、猛然と腹が立ってきた。

この世の中に解決できない問題なんて、そうありはしないのだ。まして、こんな社内の混雑くらい解決できないわけがない。そんな簡単な問題すらなんとかしようと思うこともできずに、世界一を目指すなんて、烏《お》滸《こ》がましいにもほどがある。

エレベーター問題は、楽天のひとつのボトルネックだった。全員を移動させるのにかかる30分は、まったく無駄な時間だ。一人には30分でも、全体では２５００時間の無駄が生じていることになる。

混雑したエレベーターは、各階に停まっていた。計算したら、ひとつのフロアに停まって人を降ろすのに20秒かかっている。全部の階に停まったら、一基のエレベーターが最上階まで行って戻ってくるのに、４４０秒も余計にかかっている計算になる。

それで僕は、エレベーターの停止階数を、1階、2階、3階、5階、7階、10階、13階、14階、17階、21階の計10ヶ所だけに決めた。エレベーター内のボタンを、停まる階のところだけ空けたプラスチックのカバーで覆ってしまったのだ。自分のフロアに停まらない人は、近くの階で降りて階段を使えばいい。もちろん、身体の不自由な人用に設けられた停止ボタンは開けてある。

この方式を採用して、全員の移動時間は5分を切るようになった。たったそれだけのことで、社員一人あたりの労働生産性が5％は向上したことになる。この取り組みは、現在二子玉川にある本社、楽天クリムゾンハウスでも実践している。

単に時間のロスが減っただけでなく、みんなが感じていた朝のエレベーターラッシュのストレスが解消されたことは言うまでもない。些細なことでも、ボトルネックを見逃してはいけない。それは、大きな改善につながるのだ。

48

時に節目を作れ。

竹に節目があるのは、大きく成長するためだ。

企業にも、そういう節目を作るべきときがある。

今までと同じように努力しているのに、上昇のスピードにブレーキがかかり、目盛りがちっとも増えなくなる時期が必ず来る。

それが成長の摂理であり、それゆえに成長のグラフは、右肩上がりの一直線ではなく、階段状の折れ線グラフになるのだ。

階段で言えば、踊り場にあたるこの時期を、上手に利用するべきだと思う。

成長が減速するのは、成長が次の段階を迎えたことを意味している。

子供に足し算と引き算を教える。そして、足し算と引き算の練習問題をさせる。はじめのうちは、練習すればするほど、計算能力は上昇していく。けれど、そのうちいくらやっても上昇しなくなる。掛け算と割り算を教えるべきときが来たわけだ。

子供の教育なら、どの段階で何を教えるべきかはわかる。

企業の成長の場合は、これが難しい。

企業はそれぞれに、性質がまったく違うものだからだ。足し算の次は掛け算を教えるというような、簡単な処方箋《しょほうせん》は存在しない。踊り場で足踏みしながら、手探りでブレイクスルーを探すのが一般的な対処だろう。踊り場を抜け出す方法を見つけられずに、退行してしまうケースも少なくない。

新しい何かにトライしようにも、成長が鈍化しているから資金や人材に余裕がなくて、打つ手が制限されてしまうのだ。

僕が節目を作れと言ったのは、その踊り場に達する1歩でも2歩でも手前で、つまりまだ成長段階にあるときに、自ら踊り場を作るという意味だ。

つまり、そこで立ち止まって、企業のあり方や方向性を根本から見直し、次なる飛躍の準備をするということだ。

たとえばコストや人員の削減を、その必要が生じる前に行う。あるいは、今までの仕事のやり方を、新しい方法にガラリと切り替える。

そういうことは普通、ピークアウトして組織の業績が悪化したときに仕方なく行う。それを、成長期の時期にやってしまうわけだ。

物事が順調に進んでいるときに、あえてそうするのは勇気がいるだろう。反対意見が噴出するかもしれない。けれど、資金的にも人材的にも余裕のある成長期にやった方が、改革は遥かに効率よく進む。成長しながら、内なる変化を起こし、次なる成長の段階にスムーズに移行できるのだ。

成長の踊り場という節目を、あえて自分たちの手で作ることによって、さらなる大きな成長を目指すのだ。

49

朝会がしっかりしている部署は成功する。

楽天ではそれぞれの部署で、朝会を行っている。

朝会では主に、その部署のメンバーが情報を共有するために、それぞれの部署の現状説明が行われる。

1日の始まりに、今日の仕事のテーマを具体的に明確にするわけだ。

これが上手くできている部署は、例外なく成功している。

だいたい仕事が失敗するときというのは、なあなあにやっているとき。つまり、仕事に具体性がないときなのだ。

今日、何をすべきか。明日、何をやるのか……。

そういうことをきちっと決めて仕事をしたのに、上手くいかなかったとしたら、それはそもそもの仮説が間違っていたということだ。

仮説が間違っていた原因を探り、仮説に修正を加えて、また検証すればいい。そういう方法論が、しっかりしていれば、必ず成功する。

ところが、その詰めが甘くて、今日何をするという行動目標が具体的でないと、まず間違いなく失敗する。

漠然と仕事に取り組んではいけない。9時から17時まで仕事をして、1日8時間。漠然と仕事をしていたら、そんな時間は何も意味のあることをしないうちに、あっという間に過ぎ去ってしまうのだ。そんな毎日を送っていたら、1年経っても2年経っても、何も達成することはできない。

朝会をしっかりやるということは、毎日の仕事に具体性を持たせる節目をきちんと作るということなのだ。

人間は基本的には怠惰な生き物だ。隙あらば、楽をしようとする。これは、僕自身がそうだからよくわかる。

その隙を作らないためにも、毎日の始まりに節目を作って、仕事をしようという意欲を掻《か》き立てることが大切なのだ。

具体的な行動目標があれば、意欲が掻き立てられるだけではなく、否応なしに仕事に集中しなければいけなくなる。仕事というものは、集中して取り組めば、自分が思っている以上のことができてしまうのだ。そして、そういう経験を重ねるうちに、仕事そのものが快感になってくる。

最初のうちは、毎朝具体的な行動目標を立てるなんて、煩わしく感じるかもしれない。

けれど、それを続けていけば、それが間違いなく仕事を有意義な、やり甲斐のあるものにする方法だということに気づくだろう。

これは、どんな人にもお勧めしたい。

自分が朝会を開く立場になければ、自分一人でもできることだ。

1日の仕事の始めに、今日の行動目標をきちんと整理しよう。

そして、その目標を達成するための段取りをする。

その段取りに従って仕事をすれば、確実に目標は成し遂げられる。

そういう毎日の積み重ねが、大きな成功につながるのだ。

50

社員全員が経営者意識を持つ。

サラリーマン根性という言葉がある。

自分が会社に雇われているだけの存在で、貰った給料だけの働きをすればそれでいいという姿勢を意味する言葉だ。その姿勢でいる限り、自分の仕事を心から楽しめるようにはならないと僕は思っている。

経営者意識を持つというのは、そういうサラリーマン根性を捨てるということ。別の言葉で言うなら、自分たちの会社であるという意識を持つということだ。

経営者意識を持って自分のビジネスに取り組めば、見える世界が違ってくる。

ビジネスを見渡す視点が高くなるのだ。

視点が高いから、遠くまで見える。ゆえに、ビジネスの全体を俯瞰で見渡せる。

ビジネスの全体を見渡せるか否かは、能力の問題ではない。

視点の問題なのだ。

ビルの屋上に立っている人は、遠くまで見えるのと同じこと。その人の視力が優れているわけではない。

ではなぜ、経営者意識は人に高い視点を与えるのか。

簡単に言えば、経営者としてビジネスを見渡せば、全体の収支のバランスが見えてくるからだ。その結果として、具体的なひとつの仕事が、売り上げや利益にどうつながっているのかを理解することができるようになる。

それが、経営するということなのだ。経営の当事者として考えるなら、誰だってそういうことを考えざるを得ない。

経営者意識というのは、つまりそういうものだ。

経営者意識は高い視点を与えてくれる。それが、ビジネスの全体を見渡し、問題点を発見したり、仮説を立てたりするのにきわめて役に立つのだ。

お金のことになると、日本人はどうしても曖昧にしてしまう傾向がある。お金に潔癖であることが、美徳とされた時代が長かったからかもしれない。お金についてごちゃごちゃいう人間は、嫌われ者になりやすいのだ。

けれど、会社経営においてはそんなことは言っていられない。

経営するということは、基本的に「お金にごちゃごちゃいう」ことだからだ。

経営という戦争において、お金は武器や弾薬のようなものだ。この問題を抜きに、全体の戦略を考えることはナンセンスだ。

経営の当事者は、まずそのことを考える。

一般の従業員は、それを考えない。

ゆえに視点がどうしても低くなる。視点が低ければ、先が見通せないのだ。

高い場所からビジネス全体を見渡すために、経営者意識を常に持とう。

経営者はみんな、そこに立っているのだ。

その高い視点が、日々の仕事に具体性を与え、仕事そのものをより面白く、やり甲斐のあるものにしてくれる。

社員全員がその意識を持ったとき、企業は最大の能力を発揮するようになるはずだ。

51

勝利の型を確立し、横展開する。

人には、勝ちパターンというものがある。

ひとつの分野で勝利したら、具体的に何が勝因だったかを分析して、そのパターンを他の分野にも横展開する。

楽天のケースで言えば、楽天市場の成功がまずあるわけだ。

成功するために、様々なことをした。

その中で効果のあったものをまず抽出する。

出店店舗にはこういうサービスをした。ポイントプログラムを導入した。あるいは、コスト削減はこうして実現した。マーケティングはこう展開した……。効果を発揮したポイントはいくつもある。それが、言うなれば勝利の型なのだ。

その型をグループ内の他の事業に、応用するわけだ。

ひとつのビジネスを成功させるまでには、涙ぐましいまでの努力が必要だ。成功すればその努力は報われるけれど、それだけでは能がない。

数ある努力の中で、どれに効果があって、どれは無駄だったかを選別して勝利の型を確立すれば、それは他のビジネスでも応用できるのだ。

伝統のある企業では、比較的こういうことも行われているのだけれど、ベンチャー企業ではなかなかそこまで行っていない。オリジナリティで成功した自信があるから、事業を広げるときもまだ別のオリジナリティで行こうとするのだろう。

けれど単純なヒットとかブームは別にして、成功したからにはそれなりの論理的な理由があるはずなのだ。

その成功のパターンをひとつの型として抽出すれば、それは企業の財産になる。もちろんそのためには、物事を深く掘り下げて考えることが必要だ。ひとつの成功事例の表面的要素だけを分析しても、成功のパターンは見えてこない。

なぜそれが上手くいったのか、なぜ成功したのか。

その原因を深く掘り下げて分析し、他の分野でも応用できるだけのパターンを見つけ出さなければいけない。成功の要因の中で、何が特殊な要素で、何が普遍的か、他の分野でも応用のできる要素かをきちんと見極めなければいけない。

それさえできれば、これは個人のレベルでもあてはまるやり方だ。

何かが上手くいったときは、それがなぜ上手くいったのかを自分なりに分析して、パターンを確立し、それを他でも応用するのだ。学習上手な人は、無意識のうちにこれをやっている。英語の勉強法は、ゴルフの上達にも役立つのだ。

52

社内での信頼を勝ち取れ。

たとえばサッカーの選手にとって、仲間の信頼を勝ち取ることは、自分がいいプレーをするための必要条件だ。仲間から信頼されない選手には、パスが回ってこない。ボールを蹴《け》るチャンスがなければ、どんな優れた選手もその能力を発揮できないのだ。

ビジネスパーソンも同じだと思う。

「どうせ僕が話しても、みんな聞いてくれないんです」

そういうことを言う人がいる。

みんなが自分の言うことを聞いてくれないから、この仕事が上手くいかない。つまりそれは、自分ではなく、話を聞かないみんなが悪いというわけだ。

それは、あまりにも明白な錯覚だ。同僚や部下が話を聞いてくれないということそのものが、すでに問題なのだ。

それは誰のせいでもない、自分のせいなのだ。

自分のこととしてではなく、誰か他の人のこととして考えればそれはすぐにわかる。周囲の人間に話を聞いてもらえない人が、どういう人かを思い出してみよう。周囲の人間が話を聞かないのは、話を聞かないだけの理由があるはずだ。

その反対に、みんなから話を真剣に聞いてもらえる人は、どんな人か。

会社員の仕事はチームプレーだ。サッカー選手がそうであるように、仲間に信頼されなければ、いい仕事はできない。ということは、仲間に信頼されることも、自分の大切な仕事の一部なのだ。

「あいつに任せておけば間違いない。あいつがやって駄目ならもう仕方がない」

会社員なら、周囲の仲間からそう言われるような存在になることを目指すべきだ。

仲間から信頼されることもまた、仕事の大切な能力のひとつなのだ。

53

象徴的な儀式を作れ。

何事かを成し遂げるためには、強い意志が大切だという。

確かにその通りだとは思うけれど、僕はあまり人の意志を信じない。

人間は弱くて、忘れやすい。

自分に甘くすれば、どこまでも甘くなる。

昨日、悔し涙を流したのに、今日はけろりとしている。

今日、理想を語っても、明日になれば忘れてしまう。

そういう生き物なのだ。

だから、誓いや目標を立てる。

今の自分の熱い気持ち、心に抱いた高い志を忘れないために。

けれど、その熱い気持ちも、そのままではいつか冷めてしまう。

楽天には、いくつか象徴的な儀式がある。

月曜日の全社をあげての朝会と、社員全員による掃除だ。これは、楽天市場がスタートした頃、社員がまだ数人しかいなかった時代から続けている。

自分たちがチームであること、みんなで夢を実現するためにこの会社で仕事をしているのだということを確認する儀式だ。2人は3万人に増えたけれど、できるなら同じ場所に集まりたいといつも思っている。オンライン会議ができる時代にアナログと言われようが、顔と顔を合わせ相手の存在を感じることが時には必要だと思うのだ。

ただ単に、理想を忘れないというだけのことではない。

掃除という同じ作業を全員で行う、全員で定期的に朝会に参加する、そういうある種の象徴的な儀式を通して、社員の間に一体感を生み出すのだ。さらに、そういう節目によって自分たちの行動規範を定期的に確認するという行為は、組織という人の集合体に、音楽のリズムのような、ある種のペースを作り出すという効果もある。

節目とか行動規範などというと、古臭いと言われる時代だ。けれど、そういうものがまったく必要ないほど、人間は強い生き物ではないと僕は思っている。

どんなに高い志や、理想を胸に抱いていても、それを繰り返し胸に刻む努力を怠れば、いつかは忘れてしまう。

だからこそ、自分たちの理想や志を忘れないために、そして全員の気持ちをひとつにするために、僕たちは朝会や掃除をいつまでも続けていくつもりだ。

おそらく、最初から意志の強い人間なんていない。

そうやって弱い自分を励ましながら、何かを成し遂げるから尊いのだ。

組織も同じことだろうと思う。

どんなに高邁《こうまい》な理想を掲げ、愛社精神を説いたって、それだけでは何の意味もない。

それよりも、具体的な儀式という節目によって、全員の気持ちをひとつにし、全体の仕事に心臓の鼓動のような、しっかりとしたペースを生み出すことの方が、よほど意味があると思っている。

54

成功する組織は、エキサイトメントと緊張感を併せ持つ。

仕事に対する興奮のない職場は、スパイスの効いていない料理のように味気ない。エキサイトしてこそ、人は仕事に夢中になれる。夢中になるから、仕事が面白い。職場には、いつもエキサイトメントがなければいけない。

問題は、どうやって職場にエキサイトメントをもたらすかだ。

それはやはり目的意識だろうと思う。

仕事の喜びとはつまり、何かを成し遂げる喜びだ。

何かを成し遂げたと実感するためには、その前提として目標がなければいけない。

目標のない組織が駄目なのは、そこには達成する喜びがないからだ。

目的意識を共有してはじめて、バラバラの人間の集合が、ひとつの有機的な組織にまとまる。全員で大きなものに立ち向かっているという実感が、人と人をつなぎ、人の心を鼓舞してくれるのだ。

理想を言うなら、誰もが成し遂げるのは不可能だと思えるような大きな目標を掲げ、その目標に向かって全員で全力疾走すること。その疾走感が、職場にエキサイトメントをもたらしてくれるのだ。

ただし、エキサイトメントだけでは足りない。成功する組織は、同時に適度な緊張感も併せ持っている。

緊張感は人の感覚を鋭敏にする。些細なことに気づかせてくれる。その些細なことが仕事では大切なのだ。

どんなに些細なことではあっても、仕事に関することは何ひとつ揺るがせにしないという気持ちがなければ、本当にいい仕事はできない。組織のメンバー全員が、いつも神経を研ぎ澄ましていなければならない。そのためには、組織に適度な緊張感がみなぎっていなければならない。

それは組織の一員にとってはある種のストレスだけれど、ストレスがあるから頑張れることもある。

組織にストレスをかけるのは、リーダーの役割だろうと思っている。

僕も時には厳しい言葉で、叱咤激励することもある。

危機感の低さに腹が立つのだ。

自分がやらなければ、この会社は潰れる。そのくらいの危機感を持って、仕事に臨むべきだ。その危機感が、職場に必要な緊張感をもたらしてくれる。
エキサイトメントと緊張感。
それはクルマの両輪のようなもので、両方があってはじめて組織は活性化するのだ。

55

スピードにはVelocityとAgilityがある。

速いといっても、速さには2通りある。

Velocityは速度。Agilityは俊敏さ。

仕事に置き換えれば、速度は日々の仕事の効率化によって上げられる。

会議の時間を短くする、コピーの枚数を減らす、ひとつのプロジェクトにかける人数を減らす。大雑把に考えて、1日の70％は無駄なことをしていると思った方がいいくらい人は無駄なことをしている。

その無駄をとにかく切り捨てる。

一度切り捨てればいいというものではない。無駄は家庭のゴミのようなもので、朝捨てても、夜にはまた溜まっている。だから、捨て続ける。

無駄は仕事の効率を下げる元凶なのだ。無駄が意思決定を遅らせる。無駄を省けば、意思決定が速くなる。それだけでも、仕事の速度は上がるのだ。

もうひとつの俊敏さは、瞬発力と言ってもいいだろう。

何かを決めてから、走り出すまでの速さだ。

決断したら、すぐにやる。

フットワークは軽くしろというのも、同じ意味だ。

仕事上の方針転換をするときには、特にこの俊敏さが大切になる。

今までと違う方向へ動くわけだから、当然速度は遅くなる。不安や恐れが、さらに速度を鈍らせる。けれど、不安や恐れは、自分の外にあるわけではない。頭の中にある。現実に直面しない限り、解消しない。

ならばできるだけ早く、その現実にぶち当たる。

不安や恐れには目をつぶり、走り始めるのが最善だと思っている。

走ることは、考えること。考えるために、僕は走るのだ。

そういうわけで、僕は何かを始めるときには、真っ先に走り出す。

ごちゃごちゃ言っても仕方がないと思うのだ。

とにかくまず走る。みんなは必死で追いついてくる。

みんなが僕に追いつく頃には、チーム全体がトップスピードで走っている。いかに短時間で、トップスピードに達することができるか。その俊敏さ、つまり加速度の大きさも、組織の大切な能力だ。

方向転換がしばしば失敗に終わるのは、そこで速度が遅くなるからだと思う。

速度の遅さは、組織にとっては致命的なのだ。数々の失敗や、敗北の原因は、速度の遅さにあると言ってもいい。方向転換をすれば、速度は当然遅くなる。その減速をいかに短時間で取り戻し、トップスピードに至れるかが勝負なのだ。たとえ失敗しても、組織が十分に速く動いていれば、修正して失敗を取り戻すことができる。

速度と俊敏さ。スピードには、2種類のスピードがある。

優れた組織は、その両方を備えていなければならない。

56

ユニットを細分化し、見える化を促進せよ。

棚を大きくすると、その棚に何が入っているか見えにくくなる。

会社も同じだ。ひとつのセクションが大所帯になると、中で何が起きているのか把握するのが難しくなる。

さらに問題なのは、責任の所在が不明瞭になって、メンバーひとりひとりの当事者意識が弱くなるということだ。

自然界では、大群を作るのは狩られる側の動物だ。

群れの数が多いほど、自分が獲物になる可能性は低くなるわけだ。それは、生きる知恵でもある。けれど、人間の集団でこれをやってしまうと、危機意識が低くなって、責任感が欠如するという結果しか生まれない。

狩る側の動物は、群れを作る場合でも、少数なのが普通だ。役割分担は明確で、無駄がない。役に立たないメンバーは狩りの邪魔でしかないのだ。

ビジネスのユニットを作る場合、どちらの型がいいかは明白だ。

仕事のユニットは、可能な限り細分化した方がいい。

楽天は27年間で社員の数が１・５万倍以上に増えたが、規模が大きくなるにしたがって、それぞれのセクションを細かく分割してきた。

楽天市場の営業で言えば、まず前衛と中衛と後衛に分けた。次に、それぞれをジャンルで分けた。ファッション部門、グルメ部門、スポーツ部門という具合だ。さらにスポーツ部門なら、ゴルフ、テニス、スキーという具合に分けていく。地域についても、人が増えるにしたがって、関西にひとつだったのを、大阪、神戸、京都に分ける。

そういう具合に、いつも会社の中のユニットを、それぞれの仕事に必要な最小限の人数に保ってきた。

だから何か問題が起きたときでも、どこに問題があるのかがはっきり見える。責任の所在が明確だから、何をどう変えるべきかの判断がすぐにできる。

もちろん、その逆もあるわけだ。結果を出しているのが、どのユニットかも一目瞭然なのだ。結果を出したときの達成感はそれだけ大きくなるし、それがいい意味での競争意識につながる。他のユニットからすれば、成功例から学びやすくなるという面もある。

ユニットを小さくするということは、組織の透明性を増し、大きな組織では見えなかったものをすべて可視化する、つまり外からもよく見えるようにすることなのだ。

ユニットはできる限り細分化し、責任の所在を明確にしよう。

第5章

百戦して勝つ

ビジネスパーソンは結果を出さなければいけない。
結果を出すためには仕事というものの本質を知らなければならない。
百戦して百勝するための仕事論。

57

結果を分析するのは簡単。重要なのは、将来を予測して、前もって施策を実行すること。それこそが『用意周到』。

未来という藪《やぶ》の中には、いつも不測の事態という蛇が潜んでいる。予測通りに物事が進むことの方が、きわめて少ないのが現実の世界だ。

自分が踏み出す藪の中に、どんな蛇がいるのか、あるいはいないのか。そればかりは実際に足を踏み出してみなければわかりようがない。けれど、わからないからと言って、何も準備をしていなければ、ただ蛇に噛まれるだけで終わってしまう。蛇が出たときにどうするか。自分の予測が外れたときのための手を、用意しておくことが大切だ。仮説をいくつも立て、ひとつの仮説が間違っていても、対応できるようにしておくわけだ。

楽天市場の例でいえば、市場への出店料は月額5万円の固定費、ただし6ヶ月分の前払いをして頂くというのが、オープン当初のシステムだった。インターネットのショッピングモール出店料は月額数十万というのが相場だった。それをいきなり5万円という低額にしたのは、インターネットの普及によって出店数は爆発的に増えるはずだという、僕なりの予測があったからだ。10店舗、20店舗という単位では、月額5万円などという費用ではとても経営は成り立たない。けれど、それが200店舗、300店舗と増えていけば十分に採算は取れる。1年から2年で、そうなると僕は読んだわけだ。

これが、つまり第一のシナリオだ。このシナリオ通りに未来が動けば、出店料が5万円という破格の条件の楽天市場に、出店者が集中することは間違いない。

けれど、このシナリオ通りに未来が進むとは限らないわけだ。インターネットが普及することは間違いないとしても、僕の予測の通りに普及するまでに10年かかってしまうということも、当然あり得なくはないわけだ。

そこで、第二のシナリオが用意される。僕の予測よりもインターネットの普及が遅れた場合のシナリオだ。そのシナリオに沿った対策がつまり、毎月の出店料の6ヶ月分の前払いというシステムだった。営業で1店舗の新規出店者を獲得すれば、それはとりあえず30万円の現金収入を意味する。特に小規模の経営では、このキャッシュフローが重要な意味を持つ。インターネットの普及が遅れて、出店者の増加曲線が予測よりも緩やかになっても、このシステムがあれば、経営をなんとか維持できるという設計だったのだ。

ビジネスはある面では、ギャンブルによく似ている。未来に対するシナリオを何本も用意するという僕の方法論は、ルーレットでいえば、何ヶ所にもチップを置くというやり方とよく似ている。ギャンブルとビジネスが違うのは、ギャンブルの場合は、何ヶ所にもチップを置いたからといって、必ず勝てるわけではないというところだ。

ビジネスの場合には、必勝法こそないけれど、勝つチャンスを限りなく100%に近づける方法がある。ルーレットの場合には、球が投げ込まれてしまったら、もうチップを置くことができないけれど、ビジネスの場合は、極端にいえば、球が止まって勝ちの目が決まってからでも、チップを置けるからだ。たとえば1の目に、チップを1枚しか置いていなかったとしても、その目が当たりだとわかった瞬間に、100枚のチップを重ねることもできるのだ。ただし、そのとき100枚のチップを用意できなければ話にならない。

だからこそ、未来を予測し、シナリオを何本も作って、チャンスという大波にしっかりと乗るための準備をしておかなければならないのだ。

58 仮説を立て、「仕組み化」する。

これは、もうすでにこの本の中でも、何度か書いてきたことだ。

仮説を立て、仕組み化する。

ビジネスにおける成長のすべては、極言すれば、たったこれだけのことで成し遂げられる。いやビジネスに限らず、なんであれ成長するためには、愚直にこの2つのことを繰り返していけばいいのだ。

仮説を立てるということについては、何も頭を悩ませることはないはずだ。

どうすれば、自分が成長するかはわかっている。

中国語をマスターしたいなら、中国語を勉強すればいいのだ。

難しいのは、その中国語の勉強を続けることだ。

仕組み化は、そのためにある。

仮説を自分の生活の中に、組み込む技術がつまり仕組み化だ。

たとえば中国語をマスターするために、毎朝10分早起きして中国語の勉強をする。

これがつまり、仕組み化ということだ。10分間の中国語の勉強を自分の習慣にしてしまうのが、この仕組み化の要点だ。たったそれだけのことでも、1年間続ければかなり大きな成果をあげることができるだろう。

10年近く前、僕は足腰を鍛えるために、会社のミーティングルームから自分の部屋までの10階分の階段を歩いて上ることにした。10階分を数えると階段が220段ある。ミーティングルームで会議をするのは週に2回だから、毎週440段を上る。1年50週として、年間では2万2000段の階段を上ることになったわけだ。

さらに、この習慣を確実なものにするために、万歩計を持つようにした。正確に言えば万歩計の機能付きの携帯電話を使った。おかげで、自分が日々、どれだけ歩いたかをいつでも目で見て確認できるようになった。

万歩計なんて、ありふれたものだと思われるかもしれないけれど、この仕組み化による効果は抜群で、始めて何ヶ月かしか経たないうちにかなり足腰に筋肉がついた。些細なことでも仕組み化して、自分の生活の中に習慣として組み込めば、確実に結果をもたらしてくれるのだ。

大切なのは、きちんとした仕組みにするということ。これが、会議のときはなるべく階段を使おうというくらいの心構えで終わらせていたら、おそらくほとんど効果は上がらなかった。会議のときは、必ず階段を使う。そう決めてしまうのだ。

そしてその決めたことを、確実に実行するために、たとえば万歩計のような、結果を常に確認し、意識するための方策を導入する。

ちなみに楽天市場でのイベント期間中、僕の携帯電話には1日24時間、1時間ごとに売上額がメールで届くようになっているのだが、たとえばそういうことだ。この仕組みによって、僕は時間単位の経営という仮説が、どれだけ有効なものかということを実証することができた。

自分が立てた仮説を、いかに確実に現実に応用できるようにするか。それが、仕組み化を成功させるための要諦なのだ。

59

Get things done. 世の中には2つのタイプの人間しかいない。できる方策を探す人と、できない言い訳を考える人。

世の中には2種類の人間しかいない。

できる方策を探す人と、できない言い訳を考える人。

そしてこの第二のタイプ、つまり言い訳ばっかりしている人間がいかに多いことか。

言うまでもなく、社会を進歩させるのは、第一のタイプの人だ。

物事を成し遂げるためには、大きな苦労がともなう。その苦労を背負って、何が何でも物事を成し遂げようとする1％の人の背中に乗って、残りの99％は安穏とした暮らしをしているというわけだ。

誰かが何か新しいことを始めようとすると、そういう人間は必ず横やりを入れる。

言い訳ばっかりしている人間は、物事が上手くいかない理由を見つけることだけは、とにかく達者なのだ。それがどんなことであれ、できない理由の10や20はすぐに並べたてるだろう。そんな人間と関わり合っても、何もいいことはない。たった一度の人生を、できないことの言い訳に費やすなんて、あまりにも馬鹿げていると僕は思う。

目標を達成できなかった理由を探すのか、それとも次こそは何としてでも目標を達成するための方策を探すのか。この2つの心の姿勢には、天と地の差がある。

達成が確実な目標は、本当の意味で目標と言えない。

目標というものは、現在の自分には達成できない高さに置くべきだ。

そういう目標だけが、自分を成長させてくれるからだ。当然のことながら、その目標が達成できるかどうかはわからないわけだ。

わからなくても、必ず達成できると信じることだ。

自分は絶対に目標を達成できると信じて、ありとあらゆる方策を考え、何が何でもそれを実現するのだ。人が成長する道は、それしかないと思う。ビジネスを成功させる道もそれしかない。信じれば、どんな夢も必ず叶うなんて、絵空事を言うつもりはない。

そういう話ではないのだ。あくまでも実際問題として、本気で取り組んでも解決できない問題など、この世にはひとつも存在しない。僕は経験上それを知っている。

神はその人に背負えるだけの荷物しか背負わせない、という言葉がある。どんな壁に直面しようと、自分の目の前に出現したからには、その壁は乗り越えられるのだ。

何よりも重要なのは、どんな困難な目標であろうと、自分は絶対にそれを達成できると信じて、ありとあらゆる努力を重ねることだ。

不可能に思えることを、知恵と工夫で可能にする。それほど、面白いことはないし、だからこそ僕はビジネスに夢中になる。自分はビジネス・オタクなんじゃないかと疑うほどなのだが、それもこれもビジネスはやればやるほど難しい問題が持ち上がってきて、それを解決するのが楽しくて仕方がないのだ。

だから僕の場合は、目標が大きければ大きいほど、心が奮い立つ。

楽天グループを率いて、こんな高い山を登るのは、どんなに楽しいことだろうと思う。

そして、その頂上に立ったとき、どんなに気持ちがいいだろうと考える。

物事をそういう風にとらえるのか、それとも難しい面だけを見て尻込みするのか。

人生に対する姿勢は、この2通りしかない。

60

様々な角度から事象を検証する。

物事は、様々な角度から見なければならない。

そんなことは、誰でもわかっているはずなのだが、これができている人は少ない。けれど、問題を処理する上で、これほど基本的で役に立つ方法論はない。世の中の大半の問題は、角度を変えて見るだけで解決してしまうのではないかとすら思う。

角度を変えてモノを見るということはつまり、立場を変えてモノを見るということだ。

たとえば、あなたが今、手にしているこの本のことを考えてみよう。

この本を成立させているのは何か。僕が書いたこの本が、読者であるあなたの手元に到達するまでには、何段階ものプロセスと、人の手を経ているわけだ。書店、あるいは図書館、運送会社、取次店、印刷会社、出版社……。それぞれのプロセスには、それぞれのプロセスを担う人がいる。その人の鎖がつながって、この一冊の本が、今、ここにある。

この本を成立させているのは、そのすべての人なのだ。

重要なのは、そのすべての人にとって、この本は少しずつ意味が違うということだ。少しどころか、まったく違うということもある。

読者にとってこの本でいちばん重要なのは、その中身だろう。何が書かれているかが大切で、その内容に多少なりとも興味があったから、買うなり借りるなりして読んで下さっているわけだ。ところが、たとえば運送会社の人にとって、この本はある一定の形と重さを持った物体でしかない。同じ物体でも、立場によって、意味合いがまったく違う。

様々な角度から見るというのは、そういう具合に、ひとつの物事を様々な立場の人になったつもりで見るということでもある。

自分とは違う立場の人の目で見れば、その物事の別の側面が見えてくる。新しいアイデアの種が見つかることもあるし、意外な落とし穴が見えてくることもある。

本の書き手である僕の視点から見れば、本の内容さえ良ければ読者は買ってくれるだろうと考えてしまいがちだ。けれど、デザインする人から見れば、いや書店で手にとってもらえなければ、中身がどんなに良くても売れ行きが良くない。だから、本のデザインこそ重要だと考える。書店の人は、中身もデザインも大切だけれど、売り上げのためには価格が安いことこそ重要だと考えるかもしれない。さらに読者には、そういうこととはまったく別の読者なりの本を選ぶ視点というものがある可能性もある。

モノを売る人、買う人、市場を運営する人、営業する人、開発する人……。商品はひとつでも、その見え方は見る立場によってすべて違う。物事の見方には、これが正しいという唯一の見方など存在しないということを、いつも肝に銘じておこう。

世界は主観で成り立っているのだ。

そのそれぞれの主観に、それぞれの正当性がある。

自分が見ている同じ物事が、隣の人に同じように見えているとは限らない。自分の見方だけで物事を見るのではなく、いつも他の人がこれを見たらどう見えるのか、どう感じるのかを想像する習慣をつけよう。

様々な角度から物事を見つめる目が、ビジネスでは強力な武器となるのだ。

61 ビジネスはスキーのようなもの。足下を見ながら、遠くも見る。

人間には、得意不得意がある。

スキーの喩えでいえば、足下ばかり見ている人と、遠くばかり見ている人がいる。両方がバランス良くできている人というのは、よく観察するときわめて少ない。

足下ばかり見ていると、自分が進むべき方向を見失う。遠くばかり見ていると、足下をすくわれて転んでしまう。スキーがそうであるように、ビジネスにおいても、足下と遠い目標との両方をバランス良く見る目が必要だ。

そういうバランス感覚を養うためには、自分が足下ばかり見るタイプなのか、それとも遠くばかり見ているタイプなのかということを知る必要がある。

夢は大きいのに、仕事上のミスやトラブルが多いとしたら、遠くばかり見て足下を見るのが疎かになっている。日々の仕事に一所懸命取り組んでいるのに、与えられた仕事しかできないと言われるようなら、足下ばかり見て遠くを見ることを忘れている。

自分がどちらのタイプかわかったら、足りない部分を補わなければならない。

足下ばかり見てしまう人は、今自分が取り組んでいる仕事が、全体の中でどういう意味を持っているかを考えてみる。よくわからなければ、誰かに聞いて考える。

遠くばかり見てしまう人は、自分が今やらなければいけない仕事にきちんと焦点を当てて、その仕事を上手にこなすことに集中する。大きな夢を叶える一歩は、目の前の仕事をきちんとやり遂げることだと知ろう。

「木を見て森を見ず」という言葉があるのは、多くの人が目の前のことに囚われて、全体を見ることを忘れてしまっているからに違いない。それは事実なのだろうけれど、最近のビジネスを見ていると、その逆の現象も少なくない。

森ばかり見て、木を見ない人が意外に多いのだ。ことにネットビジネスでは、そのタイプの企業や人が多い気がする。夢想家といったら、言い過ぎだろうか。状況は刻一刻と変化しているのに、足下を見ていないがゆえに、その変化に対応できずに失敗するケースは枚挙にいとまがない。

将来を見通してビジネスの戦略を練ることはきわめて大切だけれど、それだけではビジネスから具体性が失われてしまうのだ。どれだけ正しく未来を予見しても、日々の仕事をしっかりとこなすことができなければ成功は覚束《おぼつか》ない。仕事の核心は結局のところ、いかに仕事をこなすかという手続きの問題がほとんどなのだ。

別の言い方をすれば、日々の仕事を一分の隙もなくこなすことができてはじめて、将来を予見することに意味が生じると言ってもいい。
未来を手にすることができるのは、日々の努力を怠らない人間だけなのだ。
木を見て、森を見る。
その両方をしっかり見つめる能力を養おう。

62 徹底的に因数分解せよ。

どんな目標であれ、実質的には達成が不可能な目標などないと書いた。

そう断言できるのは、どんな目標であろうと因数分解できるからだ。

なぜなら、この世のあらゆる物事は、複合的要素によって成立しているからだ。

昔の人はそのことを、千里の道も一歩からといった。

いきなり千里も先の目標を指し示されたら、どんな自信家だって尻込みをする。けれど一歩なら、どんな人だって踏み出すことができるはずだ。そして、その一歩を確実に積み重ねれば、必ず千里の道を踏破できるのだ。

目標を立てたら、その目標までの道のりを一歩の単位にまで、徹底的に分解してしまう。

それが、目標を確実に達成する唯一の方法だ。

そのことを単なる分解ではなく、因数分解と表現するのは、ビジネス上の目標は、カッコでくくることで省略できる部分がたくさんあるからだ。その省略の重要性については、次の項で述べよう。

ここではとりあえず、不可能に思える目標でも、徹底的に分解して、自分に可能な大きさの目標に分解すれば、実現が可能になるのだということを憶えておこう。

複雑な数式も、因数分解すれば、整理されたわかりやすいものになる。

仕事上の目標も同じで、一見すると達成するには様々なことをやり遂げなければいけないように見える。けれど、冷静に見極めれば、数式を因数分解するのと同じように、やらなければいけないことをいくつかの単純な要素に分解できるのだ。

重要なのは徹底的に分解するということだ。中途半端はいけない。ブラックボックスを残したままでは、目標に到達するためのルートが描けないからだ。

自動車メーカーや家電メーカーがよくやっている、リバースエンジニアリングというのもこの因数分解のひとつだと思う。ライバルメーカーの新製品を、ビス1本の単位まで分解し尽くして、その構造を研究しているわけだ。

どんな革新的な製品でも、そこまで分解すれば、複製するのは容易だ。いかに複雑な機械であろうと、それは部品の集合体に過ぎないのだ。

もちろん彼らがリバースエンジニアリングをするのは、複製品を製造するためではないだろう。それを凌駕《りょうが》する製品を開発するためなのだが、目標を達成するためにやるべきことは何かと考えるという意味において、それはまったく同じことなのだ。

目標を達成するためには、まず目標を分解すること。

分解すれば、自分のやらなければならないことの本質がわかる。

そして目標達成に関するあらゆる本質の中で、最も重要なことは、どんな目標であろうとも、現在という今このときにできることの積み重ねで達成する以外に、達成する方法は存在しないということなのだ。

今自分が具体的に何をしなければならないか。それをはっきりと見極め、全力でそれに取り組むために、徹底的な因数分解をしよう。

63

リーンなオペレーションが、イノベーションと成長を生む。

働き蟻《あり》というけれど、仔細に観察してみるとちゃんと働いているのは少数派で、大半はうろうろするだけで特に何もしていないという話を聞いたことがある。

ビジネスの世界も、蟻の世界と似ている。

もっとも会社の場合は、蟻のように大半の連中が一目瞭然にぶらぶらと遊んでいるわけではない。それぞれ、忙しそうにしているわけだ。ということは、その忙しさは無駄ということになる。あるいはこの話は、自分一人の仕事にあてはめて考えてもいい。自分のしている仕事のほとんどは、無駄ということだ。

どのくらいの割合が無駄かは、企業や人によっても違うけれど、確実に言えるのは、無駄は必ずあるということだ。そしてビジネスにおいては、無駄を排除することが成長に直接つながる。無駄の排除が、ビジネスの飛躍の鍵になるのだ。

ただし、これはコストの削減によって、利益率が上がるというような表面的な話ではない。世の中では、コスト削減の話をすると、成長を犠牲にするのかという話になる。成長を取るのですか、それとも投資をやめるのですかというわけだ。

それは完全に間違った認識だ。

企業におけるコストリダクションは、スポーツ選手でいうなら、ダイエットや筋力トレーニングをして脂肪を落とし、筋力を増強するということと同じなのだ。ビジネス上の無駄なコストは、無駄な脂肪のようなものだ。その贅肉を落として筋肉を増やせば、身体はずっと動きやすくなる。

ビジネスだって無駄を省けば、新しい展開がしやすくなる。たとえば新しい商品を開発したり、新しいサービスを創造したりすることが容易になるのだ。だからそれはちっともネガティブな話なのではなく、きわめてポジティブな話なのだ。

たとえば10人でやっている仕事があるとする。これを一人でやれと言えば、普通は不可能ですという答えが返ってくるはずだ。ところが僕の経験からいえば、その気になりさえすれば、それはほぼ間違いなく一人でできてしまうのだ。

あるいは会議で、ひとつの目標を達成するのに3ヶ月かかるという試算が提出される。僕はそれを10日でやれと言う。かつては、いくら社長でもそんなことを言い出すと、みんなから無茶ですと怒られたものだけれど、最近は誰もそう言わなくなった。今までに僕がそう言って、できなかったことはほとんどないからだ。

もちろん、普通の常識的なやり方では難しい。知恵を絞り、創意工夫をしてはじめて可能になることだ。けれど、その創意工夫こそが、組織を成長させる。

楽天はそのやり方で、27年の歴史を積み上げてきた。さすがにこれ以上の効率化は難しいでしょうとよく言われるが、不思議なことに、効率化の余地はまだいくらでもある。組織において、次々に無駄が生じるのは、自然の摂理のようなものだ。

リーンなオペレーションとは、徹底的に無駄を省いて、オペレーションをできる限りシンプルなものにするということだ。ちょっと無駄を省くというのではない。無駄な部分はバッサリ切り捨てる。並行してできることは同時にやる。ひとつのオペレーションに複数の意味を持たせる。そういう作業を徹底的にやることだ。地理的な千里はどう工夫しても千里だけれど、ビジネス上の千里はこの作業によって百里にも十里にも縮めることができる。そのためには、目標達成までの期間を思い切り短くする。あるいは人員を極端に少なくする。その短い期間や、少ない人員で達成するためには、無駄を極限まで切り捨てなければならない。そのこと自体がブレイクスルーを生み、人や組織を成長させる原動力になるのだ。

64

水平競合と垂直競合を考える。

垂直競合は、きわめて現代的な現象かもしれない。

競合といえば、かつては原則的に水平競合がほとんどだった。

Aというラーメン屋さんの隣に、Bというラーメン屋さんができる。これが典型的な水平競合だ。

そのラーメン屋さんに麺を提供していた麺のメーカーが通販を始め、家庭でも美味しいラーメンが食べられるようになる。かつては競合するはずのなかった麺のメーカーと、ラーメン屋さんが競合するようになるわけだ。これが、垂直競合の典型例だ。

かつてはとても競合するとは思えなかった業種が、競合する時代になったのだ。

マンガ雑誌が売れなくなったのは、テレビゲームが流行ったからだという説があったけれど、それはつまりマンガ雑誌とテレビゲームが競合したからだ。子供の時間を奪い合う競争がそこにあったというわけだ。今現在はその戦いにインターネットと携帯電話が参戦して久しい。コンペティターは目まぐるしく変わっていく。

テレビ局のコンペティターは、インターネットと目されてきたけれど、その状況だって変化する。すでにハードウェアメーカーも競合しているのだ。

そして、僕たちのようなインターネット系の企業でいえば、ある意味でほとんどあらゆる業種が競合する可能性を秘めている。

特に同じインターネット系の企業同士では技術革新のスピードが異常に速い。たとえ今まったく別の業態を取っていたとしても、明日には競合相手になっているということも十分にあり得るのだ。

その時のディフェンス方法は、このビジネスを始めたときから考え続けている。それを考えることは、インターネット・ビジネスの宿命みたいなものかもしれない。

もっともこれは、他のビジネスにも言えることだ。

現代のビジネスにおいては、どんなビジネスが自分たちのサービスをリプレイスするかという可能性を常に考えておかなければならない。同時に、自分たちがどういう分野へ進出できるかも考えるわけだ。

固定した不動のビジネススタイルなどというものは、もはや存在しないのだ。

もちろん競争するだけが、この戦いに勝つ方法ではない。

異業種と組むことで、自分たちのポジションを高める方法もある。戦国時代の合従連衡ではないけれど、昨日の敵が今日の最大の味方になることもある。

単なる競争関係から、双方に利益があるような関係に移行できれば、その方がいいに決まっている。そのためにも、水平競合と垂直競合についていつも考えておく必要がある。

現代の戦国時代を生き抜くには、柔軟な心と自由な発想、そして大きなビジョンがなければならないということなのだ。

それが、現代という時代にビジネスに取り組む面白さでもある。

65 0・5%の努力の差がクオリティを左右する。三木谷曲線。

誰もが努力をしているのが、競争社会の前提だ。

クルマでもテレビでも、電気炊飯器でも、メーカーはどこも、最大限の努力をして、最高の製品を作っているわけだ。商売だって同じことで、街の喫茶店にしても、レストランにしても、あるいは楽天市場の各店舗にしても。みんな、それぞれに切磋琢磨し、最高のサービスを提供しようと努力している。

にもかかわらず、実際の製品や、サービスには明らかな差がある。これは、どういうことだろう。その差はいったいどこから生まれてくるのか。

僕は最後の0・5%の努力の差だと思っている。

限界まで頑張ることは、誰にでもできる。限界まで頑張ったその上に、さらに0・5%努力を重ねられるかどうか。その差なのだ。

完璧に仕事をやり遂げた、これでこの仕事は完成したと思っても、そこで終わりにしてはいけない。そこから、さらに上乗せする。たくさんは積み上げられないはずだ。なにしろ、やれることはすべてやってあるのだから。

それでも満足せずに、何かを積み上げる。0・5%でいいから積み上げる。

僅かな差であっても、限界の上に積んだ0・5%は、決定的に大きな差になる。なぜなら、その僅かの差を敏感に感じ取ってしまうのが、人間の感性というものの性質だからだ。

木綿の布と、絹の布。どちらが滑らかかは、触ってみればすぐにわかる。その表面の凹凸を計測したら、その差は0・1ミリにも満たないはずだ。木綿と絹どころか、同じ絹の布でも、明らかな質の差があるわけだ。数字で表せば、その差は限りなくゼロに近い。けれど、そのごく微《かす》かな手触りの違い、あるいは光沢の差、機械ではほとんど計測不可能な差を、大きな差として感じるのが人間なのだ。そして、その限りなくゼロに近い僅かな差に、千金の値打ちをつけるわけだ。

しかしながら、なぜかそこまで意識して仕事をしている人はきわめて少ない。それゆえに、その最後の0・5%の差が、きわめて大きな差になってしまう。

最後の仕上げが肝心というのはそういうことだ。

0・5%の努力の差。それが、決定的な差になることをいつも意識しよう。そしてその最後の0・5%の努力をいつまでも継続するための仕組みを作ろう。最後の最後に踏み出した一歩で、主観的なクオリティは二次曲線のように急激に上昇する（僕はこの曲線を、三木谷曲線と呼んでいる)。
製品やサービスだけでなく、人間の値打ちもそれで決まる。
凡人と、優れた人。その差も最後の0・5%の努力にかかっているのだ。

66 コアとミッションクリティカルを把握する。

企業の規模が大きくなってくると、いつの間にか事業の種類も増えているものだ。

これはリソースアロケーションの問題とも絡むのだけれど、どれだけ企業の規模が巨大化しても、資材が有限であることには変わりはない。限られた資材を有効に配分するには、不必要な事業を切り捨てるという判断も当然必要になるわけだ。

この判断が、意外と難しい。世の中の企業を見ていると、業績の悪化や不振の理由がこの問題にあることが少なくないのだ。

経営者にだって、感情もあれば意地もあるわけだ。そういうものに判断を狂わされないために、僕は事業の存続を決める3つのポイントを決めている。その3つのポイントのどれにも当てはまらなかったら、迷わず撤退する。

第一のポイントは、収益性が高いこと。

このことに、説明の必要はないだろう。儲かればやる、儲からなければやめる。あまりにも、当然の経営判断だ。

ただし、その判断だけでいいなら、こんな簡単なことはない。けれどそれでは、長い目で見て会社は立ちゆかなくなる。

会社も生き物なのだ。エネルギー価が高いからといって、炭水化物だけしか食べなかったら、いつか体調を崩してしまう。筋肉や骨を作るためにも、タンパク質やカルシウムも必要なのだ。

それが、第二の判断ポイント。その事業が、コアビジネスであるか否かだ。

コアビジネスとはすなわち、中核事業である。企業の屋台骨、アイデンティティとなる事業だ。企業の志を示す事業と言ってもいいかもしれない。創業時の事業が中核事業となることが多いけれど、必ずしもそうでなければいけないわけではない。長い目で見て、企業を支える事業がコアビジネスだ。

第三のポイントが、ミッションクリティカルである。

ビタミンとかミネラルのように、エネルギー源にはならないけれど、企業の存続のためには欠かせない事業だ。楽天の事業で言うなら、会員サービスがこれにあたる。会員サービスそのものは収益を生まない。けれど、この事業が楽天全体にとっていかに重要かは言うまでもない。僕たちにとっては野球チームも、このミッションクリティカルにあたる。マーケティング戦略の上で、それは欠かせない存在なのだ。

以上の3つの基準で、僕は個々の事業の存続を判断している。どれかひとつにでも当てはまっていれば、たとえ今は上手くいっていなくても、なんとか継続させる方策を探すけれど、どれにも当てはまらなくなっているなら、辛くてもやめるしかないと判断する。なんとなく事業を続けるのではなく、続けるにはそれだけの根拠と基準を持つことが大切だと思うのだ。

切り捨てるときには、さすがに心が痛むけれど、たとえば樹木を育てるときに剪定《せんてい》が欠かせないのと、それは同じことだ。無計画に枝葉を伸ばすと、それが重要な枝の成長を妨げる。害虫や病気も発生しやすくなるという話を聞いたことがあるけれど、企業という生き物にもよく似たことが起きるのだ。

さらに、こういう判断基準を決めることは、企業における事業の問題だけでなく、個人の計画や活動を考える場合にも役に立つ。自分にとってのコアビジネスは何で、ミッションクリティカルは何なのか。そして収益はどこで上げるのか。時には立ち止まって、そのことを考えてみよう。どの基準にも当てはまらない〝事業〟に、無駄な時間を費やして、大切なことを忘れていないだろうか。

67

「何をやるか」よりも、「何をやらないか」の方が、大切な時もある。

人間が計画するときには、まず何をしようかと考える。

何をやらないか、とは普通あまり考えない。

何かをやるという判断は簡単だけれど、やらないという判断は難しい。それはやらないという判断が、可能性を切り捨てる判断だからだ。たとえそれをやらないとしても、やらないという判断を下さない限り、可能性は残せるわけだ。その可能性くらいは、残しておきたい。だから、やらないという判断はぎりぎりになるまでしない。

けれど、時と場合によっては、やらない判断を下した方がずっと良い結果を生む。

わかりやすい例が、撤退の判断だ。撤退の判断とは、それ以上やらないという決断であり、それはつまり勝つ可能性を切り捨てることだ。誰だって、そんなことしたくない。だから、撤退の判断は遅れる。そして、被害を拡大してしまう。

撤退の判断は、早いほどいいのだ。それだけ、被害を小さく食いとめられる。

勝ちか負けかの判断は、戦争の場合だってなかなか難しいわけで、ましてビジネスにおける勝ち負けの判断がきわめて難しいのはよくわかる。けれど、どれだけ難しくても、判断が遅れれば、それだけ損害が増大するという事実は変わらない。

自分に勝ち負けを判断する能力が欠けていると思ったら、やはり自分なりの判断の基準をあらかじめ作っておくことだろう。

たとえばシェアのパーセンテージであったり、あるいは収益率であったり、事業の種類と、競争の内容によって基準とするものは違ってくるはずだ。ただ、どんな基準を設けるにしても、客観的に明確な、できれば数字で表せる基準にした方がいい。負けているときは、どうしても感情的になる。感情は判断力を狂わせる。数字という客観的な根拠で、その判断の狂いを防ぐわけだ。そして撤退の判断は、敗北による損害を最小限に食いとめる、もうひとつの戦いなのだと考えることだ。

この考え方が有効なのは、撤退の時だけではない。

やらないという判断は、損失や無駄を未然に防いでくれるのだ。

僕は起業したときに、これだけはやらないという事業の分野を決めてしまった。どういう分野の事業をやらないことにしているのかは、もちろん言えないけれど、金輪際やるつもりはない。企業が成長していくときには、様々な誘惑もあるわけだ。資金に余裕が出てくれれば、収益性の高い事業なら何にでも手を出したくなる。自分がそう思わなくても、会社の中から声が上がることもある。

やらないことを決めておかなければ、そのたびに議論をして、判断をすることになるのだけれど、場合によってはその議論そのものが企業の中心軸を揺るがせることもあるわけだ。中核事業は企業のアイデンティティを保つために大切だけれど、何をやらないとあらかじめ決めておくことも、企業の軸をぶれさせないためには重要なことなのだ。

68

会社は土俵、その上で相撲を取る社員が重要。

「御社のために、身を粉《こ》にして働きます」

そういうことを言う就職志望の学生は、さすがに最近は少なくなった。

終身雇用制が崩壊し、キャリアアップのための転職も珍しくなくなって、滅私奉公的な精神で会社に仕える社員は過去の遺物になったかもしれない。それでも、会社というものに対する考え方は、昔も今もあまり変わっていないように思う。

会社とは何なのか。

株主のものだという意見があった。それはそれで、ひとつの見識だろう。

けれど、その言葉は、働いている人にとってはほとんど何の意味もない。経営者が、株主に責任を負っていることは事実だ。だからといって、従業員は株主のために働かなければならないなどということにはならない。

会社が誰のものかなどという議論は、本質的にはナンセンスだと僕は思っている。

なぜなら、会社はモノなどではないから。そこで働く人がいなければ、会社などというものには何の意味もない。まさか投資家は、会社の建物や施設に投資しているわけではないだろう。

もっと言えば、会社はひとつのビジョンに共感し、志を共にする人々が集まる場だと思っている。そのビジョンや志を遂げるために、ひとつの目標に向かって進むことを自分の意思で選んだ人の集う場、それが僕の理想とする会社だ。ただし、同時にそこで働く人たちが、それぞれに幸せにならなければ意味がない。それゆえに、きちんと利益を上げることを絶対に忘れてはならないのは、改めて言うまでもないけれど。

会社とは、ひとつの場なのだ。わかりやすく言えば、相撲の土俵のようなものだ。主人公は、その上で相撲を取る社員であって、土俵そのものではない。

その土俵が誰の所有物であろうが、その場の主人公は自分だということを片時も忘れてはいけない。

69

時間軸の感覚を身につける。

ビジネスにおいては、全体を俯瞰することが大切だけれど、俯瞰の視点の中には時間の感覚も含まれていなければならない。木を見て森を見ずの喩えで言えば、木も森も見なければいけないし、それと同時に、この森が将来どう変化していくのかというところまで予測して、手を打っておかなければならない。

現状を分析するだけでは足りない、同時にそれが将来どう変化するかを予測するのだ。

この問題でまず気になるのは、基本的にみんな遅いということだ。どうして今頃になって、そんなことを始めるのかと思うことがよくある。そんなことは、ずっと前に予測できたことであり、予測したときに手を打っておけば、今頃はとっくに終わっているはずなのにという問題がかなりあるのだ。

ビジネスにおいては、先手は後手よりも有利なことが圧倒的に多い。将棋や囲碁のように、対戦相手と交互に手を打つわけではないからだ。一人が一度にいくつもの手を打つことができるわけで、場合によっては相手が何も手を打たないうちに王手にしてしまうことすら不可能ではない。

もっとも、なんでも早くやればいいというものでもない。今は準備をしておくだけにとどめて、流れが来るまで、手を打つのは待った方がいいというケースもある。いくら先手が有利でも、果実が熟す前に収穫することはできないのだ。

だからこそ、時間軸の感覚を身につけなければならない。わかりやすく言えば、流れをきちんと先読みして、適切なタイミングで必要な手を打っていくということだ。

日本で生まれた楽天グループの様々なサービスは、今や世界30カ国・地域の18億人を超える利用者の間で広がっている。2008年の「台湾楽天市場」のサービス開始からはじまり、2012年以降は電子書籍サービスのKoboや、無料通話&メッセージのアプリのViber、さらに北米最大級の会員制オンラインキャッシュバックサイトのEbates（現Rakuten）など海外発のサービスが続々とグループ入りした。また、2017年以降は海外のプロスポーツチームへのスポンサーシップを通じて、海外におけるRakutenの認知度は飛躍的に向上した。今後は通信プラットフォーム事業を通じて、さらに楽天の存在感は高まっていく。

楽天のどのサービスへのニーズが高いかは、国や地域によって実に様々だが、いずれの場合も大事にしているのは、異なる成長スピードに合わせて素早く打ち手を考え、実践すること。これも、成長ペースを時間軸で見通せるからこそ可能なことなのだ。

　ステージマネジメントという言葉があるけれど、人でも企業でも、自分たちが今どういうステージにいるかを客観的に把握して、そのステージに合わせた施策を実施していくことが重要なのだ。そのステージによっては、とにかくがむしゃらに働いて、利益を上げていかなければならないときもあるだろう。あるいは利益をある程度犠牲にしても、事業を拡張すべきときもある。

　自分たちが今現在立っているステージによって、やるべきことは変わっていくのだ。今自分がどのステージに立っているのか。そして今、そのステージで自分は何をすべきかを、地図を見るように、時間軸全体を俯瞰して判断する。

　その感覚を身につけることが、ビジネスにおいてはきわめて重要なのだ。

70 Devil is in detail.

日本では、神は細部に宿るということの方が多い。

細部に宿るのが、神か悪魔か。

英語と日本語では、宿るものが正反対なのが面白い。神が宿るというのが、いかにも細部へのこだわりに喜びを感じる日本人らしい。

日本の自動車メーカーが世界を席巻《せっけん》したのも、様々な部分で細部にこだわり尽くしたからだろう。

たとえばクオリティコントロールを徹底して、不良品を極限まで減らした。その細部へのこだわりで、日本車のメーカーはアメリカのメーカーを凌駕した。

日本の側から見れば、細部に宿っていたのは神で、アメリカ側からみれば、細部に宿っていたのは悪魔ということになる。細部を大切にすればそこにチャンスが生まれ、細部で手抜きをすればそれが落とし穴になる。

同じことを言っているわけだ。

ひとつのビジネスモデルが大筋では間違っていないのに、ディテールが駄目で失敗しているということがよくある。

もったいないと思う。何か新しいビジネスを始めて、上手くいかないと、たいていそれで諦めてしまう。失敗したときには、ビジネスモデルが本質的に間違っているのか、それともディテールに問題があったのかを見極めるべきだ。

ディテールの問題なら、修正するのは難しくない。上手くいかないからといって、すべてを諦めてしまうのは、あまりにも早計だ。今まで上手くいっていたビジネスが不調になるのも、ディテールへの配慮を怠ったからであることが多い。

僕に言わせれば、失敗の原因のほとんどは、ディテールの問題なのだ。

ディテールに問題があるとはすなわち、エグゼキューションとオペレーションに問題があるということだ。手続きの問題と言ってもいい。どんなに優れたビジネスモデルであっても、それを具体的に実行する段階での手続きに問題があれば成功は覚束ない。早い話が、いくらいい商品を売っていても、店員にやる気がなければ売れないのだ。現実のビジネスでは、そういうことが実に頻繁に起きている。

その観点から考えれば、細部に宿るのは悪魔ということになるのかもしれない。

71

失敗は成功のもと。すぐに改善せよ。

失敗したからといって、くよくよしても始まらない。

失敗は、問題の在処を明らかにしてくれる。

それがわかったら、その問題を解決すればいいだけのこと。

失敗するということは、自分が改善すべきポイントを発見したということでもある。そのポイントを改善すれば、確実に進歩することができる。

だから、失敗したときには、悔やむよりもむしろ喜ぶべきなのだ。

ただし、すぐに改善すること。

失敗したら、すぐに改善するという原則があってはじめて、失敗は成功のもとという古くからの諺《ことわざ》を生かすことができるのだ。

問題点を発見したら、すみやかに改善する。

その繰り返しで、人も企業も進歩していくのだ。

失敗が失敗に終わるのは、その失敗を改善に結びつけないからだ。失敗が改善に結びつかないのは、すぐに行動を起こさないからだ。

すぐに直さなければ、同じ失敗を必ず繰り返す。

駄目な人は、それを延々と繰り返す。いつも同じ場所で躓《つまず》いて、何度躓いても、また転んでしまう。そして、一生を費やしてしまうのだ。

失敗に関しては、こういう見方もできる。

自分が失敗するところは、他人が失敗しやすいところでもある。ということは、逆に言えばそこにチャンスが潜んでいるということでもある。他人が転ぶ場所で、自分が転ばなければそれだけ先へ進めるということなのだ。

失敗の中には、大きな飛躍の鍵が隠されている。

石に躓いて転んだら、その石をよく観察することだ。

その石は、宝物かもしれない。

72

数字からトレンドを読む。

売り上げ、利益率、損益分岐点、経常利益、シェア、客単価、来店者数などなど……。ビジネスには、様々な数字がつきものだ。

その数字に強いことは、経営者の絶対条件だ。

数字はファクトであり、嘘をつかない。ビジネスの全体とそして細部を客観的に把握するために、数字ほど確かなものはないのだ。

そういうことを言うと、数字は嘘をつくではないかと言う人もいるかもしれない。

たとえば怪しげな投資ビジネスには、まことしやかなグラフや計算式がつきものだったりする。いかにも本当らしいけれど、実は嘘にまみれた数字だ。

確かにそういうものがこの世にあるのは事実だけれど、だからこそ数字に強くなければいけないとも言える。

数字が嘘をつくのは、数字の意味を見誤るからだ。改竄《かいざん》したデータは論外だけれど、数字が人を惑わすのは、たいていはその読み方に問題がある。

数字を正しく読むには、その数字と現実を結びつける能力が必要だ。

数字を見て、そこから大きく想像を広げる能力と言ってもいい。

この能力が欠けていたら、いくら計算が速くても、数字を記憶するのが得意でも、ビジネス的には意味がない。

逆に、数字から大きな想像のできる能力があれば、数字を見るのが楽しくなる。

野球ファンには、選手の様々な記録にやたらと詳しい人がいるけれど、おそらく同じことだ。記録から、選手の活躍を想像できる。だから他人が見たら無味乾燥な数字が、面白くてたまらないということになる。

数字を読む能力を鍛えるには、数字の変化を追いかけるといい。

楽天には日報がある。

その日1日の仕事に関する様々な数字がそれぞれのセクションから上がってきて、僕のところにも届くようになっている。そのたった1日分の厚さが、紙にすると5センチ以上になる。

かなり膨大な量だけれど、毎日仔細に読み続けていると、様々なものが見えてくる。

たとえば同じような数字の変化でも、それが注意すべき変化なのか、それとも問題のない変化なのかもわかるようになるし、あるセクションの売り上げがトレンドとして上がっているのか、それとも下がっているのかが読めるようになる。

数字を見ているだけで、仕事の現場で何が起きているかから、世の中がどう動いているのかまで、ある程度想像することができるわけだ。

そこから生まれるビジネスのアイデアや、改善ポイントの発見は枚挙にいとまがない。

73 Value Chainを考える。

Value Chainは、価値の連鎖だ。

僕が楽天市場を考えたのは、第一にはインターネットが爆発的に普及すると考えたからだ。実を言えば、他にもいくつかインターネット・ビジネスのモデルを考えていたのだけれど、最終的には楽天市場というインターネット・ショッピングモールを選択した。

それは、楽天市場のビジネスモデルが、他のものよりも遥かに価値の連鎖を生むことがはっきりしていたからだ。

楽天市場は、ひとつの場だ。何もない空間のようなもので、それだけでは何の価値もない。価値をもたらすのは、そこに出店している店舗だ。この価値には、2通りの価値がある。ひとつは出店者にとっての価値。楽天市場に出店すれば、商品が売れる。出店する価値があるというわけだ。もうひとつの価値は、そこで買い物をするエンドユーザーにとっての価値。楽天市場に行けば、いろいろなものを売っている。買い物をする価値があるわけだ。この2つの価値が、連鎖反応を起こすのだ。

1997年のオープン当初、楽天市場に出店して下さったのが13店舗だったと書いた。この時点では、正直に言ってどちらの価値も低かった。エンドユーザーからすれば、商品の種類があまりに少ない。来店者が少ないから、出店者はなかなか商品が売れない。

僕は出店料を赤字覚悟で低くして、商品があまり売れないことが出店者の負担にならないようにした。僅かでも利益が上がれば、出店する価値はゼロではない。そして、6人の社員で日本全国を相手に必死の営業をした。

最初の1年は、大変な苦労をして100件の契約を取った。2年目は1年かけてその倍の契約を取った。3年目になると1ヶ月に100件ペースで出店者は増えていった。出店者が増えれば、楽天市場で買い物をする人が増える。買い物する人が増えれば、さらに出店者が増える……。2つの価値が連鎖反応を起こしたのだ。通常のビジネスと違うのは、売れれば売れるほど、楽天市場の価値と魅力が増大していくということだ。

現在の楽天市場の出店者数は約6万件にのぼる。まだ限界に達したわけではないが、日本の人口という上限はある。出店者の増加率も、以前のような倍々ゲームというわけにはいかなくなった。出店者にとっての価値を言えば、出店者が増えることはライバルが出現することも意味するようになった。けれどこの競争関係こそが、楽天市場の新たな価値と魅力を生み出す原動力になっている。価格競争という直接的な競争もあれば、商品の質を上げるという競争もある。他では扱っていない商品を揃える戦略もあるだろうし、サービスに工夫を凝らし、顧客との信頼関係を築くという戦術もある。出店者の方々の切磋琢磨によって、楽天市場の多様性は増大し、楽天市場の質そのものが向上し続けているのだ。

現在、楽天グループでは楽天市場などのＥコマースにとどまらず、フィンテックやデジタルコンテンツ、通信に至るまで、70を超えるサービスを展開している。それぞれのサービスが持つ価値が、別のサービス価値と結びつき、それがまた新しい価値へとつながっていくことで、強力な経済圏を形成している。

価値の連鎖は強力な武器になる。自らのビジネスにおいて連鎖させることのできる価値は何か、そしてその価値を効果的に連鎖させる方策は何かを考えるべきだ。僕はあらゆるビジネスにおいて、それが可能だと思っている。

74

差分+オリジナリティ=勝利。

これは、現段階で負けているライバルに、勝つための思考法だ。

差分は、競争相手との差がどれくらいあるか。

たとえば料理店なら、料理の味、サービス、コストパフォーマンス、店の雰囲気などなど。いろいろな部分で差があるはずだ。その中で、どの要素がライバルに差をつけられているかを調べて、まずその差分を埋める。

つまりどの要素においても、相手に負けている要素を消す。競合相手との差をまず埋めるわけだ。

その上で、自分たちなりのオリジナリティを付け加える。

これをやれば、必ずライバルを抜ける。

小学生でもわかる足し算だ。

けれど、これが案外とできていない。

ライバルと同じことをしても勝てない、独自色を出そうなどといって、オリジナリティのことばかり考える。

だから勝てない。

ライバルが勝っているのは、そのライバルが他にはないオリジナリティを持っているからだ。差分を消す作業は、そのオリジナリティを消す作業でもある。

客の側からすればその時点で、2つの料理店は同等になる。そこに自分たちのオリジナリティを加えれば、どちらを選ぶかは明白だ。

メーカーの世界では、この作業をリバースエンジニアリングと呼ぶ。

ライバルが完成した製品を分解し、そのメカニズムを徹底的に解明する。通常の開発過程を逆回しにするからリバースエンジニアリングだ。

分解してそれぞれの要素について、相手との差分を解明する。そしてすべての差分を埋めれば、相手との差はゼロになるというわけだ。

相手との差をゼロにしておいて、そこに自分たちのオリジナリティを付け加えれば、自分たちの方がプラスになる。

相手との差を埋めて、はじめて自分たちのオリジナリティを生かせるのだ。

75

特別なビジネスはない。

それぞれのビジネスには、それぞれの特殊事情がある。

製造業には製造業の、サービス業にはサービス業の事情がある。同じ飲食業だって、蕎麦屋さんとラーメン屋さんでは、抱えている問題が違うというわけだ。

その考え方が、ビジネスに失敗する理由だと僕は思う。

確かに違う部分もあるけれど、それはあくまで表層的な問題で、ビジネスの根本的なロジックはほとんど変わらない。にもかかわらず、このビジネスは他のビジネスとは違うなどと考えているとしたら、それはビジネスの表面だけを見ていて、根本のロジックを理解していない証拠だ。だから難しいと感じる、そしてほぼ確実に失敗するのだ。

街のラーメン屋さんと、高級フランス料理店。全然違うじゃないか、というかもしれない。

けれど本当に成功している店は、根本的な部分でよく似ている。

従業員の仕事に対する姿勢。一皿の料理に注がれる努力。いかにも効率の良さそうな厨房。そして、店を後にする客の満足した顔……。そういう部分に違いはない。

あらゆるビジネスにおいて「利益＝売り上げ－費用」という原則は変わらないのだ。売り上げを増やすことと、費用を減らすことは、基本的には相反関係にある。ビジネスに共通する難しさがそこにあるわけで、だからこそやるべきことの根本は同じなのだ。売り上げを増やすには、何よりもまず顧客満足度を高めなければならない。顧客満足度をベースにしない売り上げは、太陽が昇れば消える朝露のようなものなのだ。

顧客満足度とは客が受け取った満足から支払った金額を引いた残りのことだ。それがマイナスなら、おそらく客は二度と来ない。少なくともゼロかそれ以上のプラスであることが絶対条件で、つまり成功している店は他の店に比べてこのプラスが遥かに大きいというわけだ。顧客が何に満足を感じるかは、顧客が何を求めてその店に来るかで違う。それが何かをどこまで深く考えて、どこまで努力してそれを満足させようとするか。つまり自分たちのサービスなり、商品なりの付加価値をどこまで高めるか。

その根本のロジックは、変わらないわけだ。

もちろん利益を上げるには、経費を減らすことも大切だけれど、単純にそれをやってしまったら顧客満足度は簡単に下がってしまう。だからそういうことがよくわかっている経営者は、無駄を省いて、経費の費用対効果をいかに上げるかという方向へと進む。

繁盛しているラーメン屋さんとフランス料理店が、根本的なところで似ているのは、そのための方策にはそれほどバラエティが存在しないからだろう。基本的にそれは、従業員の質に関わってくる問題だからだ。どんなビジネスでも、それは同じことだ。

レストランビジネスも、金融ビジネスも、環境ビジネスや、バイオビジネスでさえ、そういう基本的要素は変わらない。マーケティングの基本要素も、営業の基本要素も、業種にかかわらず、すべて同じ基本原理が働くのだ。

インターネット・ビジネスを普通のビジネスととらえたから楽天は成功した。プロ野球ビジネスも普通のビジネスと同じと考えている。だから、球団経営も成功している。

特別なビジネスはない。

困難に突き当たったときは、いつもこのことを思い出そう。

76

資産の多重利用が、利益を伸ばす。

資産の多重利用とは、わかりやすい例をあげれば、喫茶店として営業している店を、夜の営業時間が終わったあとにバーとして使うというような話だ。

企業には多種多様な資産がある。その資産を、ひとつの方法だけでなく、様々な方法で利用して、より大きな利益を上げるのが、資産の多重利用だ。

僕たちのビジネスで言えば、サーバーも資産だし、楽天市場をはじめ、モバイルやフィンテック、動画配信のようなデジタルコンテンツなど、あらゆるサービスを動かしているシステムも資産だ。さらに言えば、その顧客も大きな資産のひとつといえる。

そういう資産は通常、一通りの方法でしか使われていないけれど、それを縦横斜めにぐるぐる回しながら見て、他の使い方もできないかと考える。

ひとつの田や畑で、季節によって稲や麦を植えることを二毛作というけれど、そういうことはビジネスでも可能なのだ。

昼間はカフェで、夜はバーというスタイルも資産の多重利用のひとつだ。あるいは、映画を1本作って、劇場で公開し、テレビで流し、さらにDVDで売るのもそうだし、最近ではオフィスのパソコンを多重利用する企業も出てきている。仕事が終わったら、パソコンの電源を落とすのが普通だけれど、そういう企業ではすべてのパソコンの電源を入れたままにしておく。夜間にオフィス中のパソコンを駆動させれば、つなげる台数にもよるけれど、スーパーコンピュータ並みの計算をすることが可能なのだ。それで、スーパーコンピュータを買わなくてもすむということになる。これも、パソコンという資産の多重利用の一例だ。

資産を多重利用すれば、経費は大幅に節減できる。基本的に、経費がほとんどかからないから、利益率が飛躍的に向上する。これを顧客に還元すれば、顧客満足度は増大し、それだけ利益も増大するというわけだ。

現在の楽天でも、顧客という資産の多重利用にも力を入れている。

いわゆる無形固定資産は、上手く多重利用すれば圧倒的に利益率を上げるのだ。

楽天のエコシステム、すなわち楽天経済圏の構想は、それを具体的に表したものだ。

楽天市場のエンドユーザーが、楽天カードや楽天銀行、楽天証券、さらにモバイルサービスも利用するようになれば、かなりのコストダウンができる。コストの中でも最も比率の高い、顧客獲得コストがほとんどかからないからだ。そのコストダウンを顧客に還元すれば、さらに多くの顧客を獲得できる。楽天グループの各社の中で、ほとんどの経済活動が可能で、それが顧客にとっての利益になれば、そこにひとつの完結した経済圏が生まれるわけだ。

これも顧客資産の多重利用のひとつの例だ。

コストを下げ、顧客満足度を高めるためにも、資産を徹底的に多重利用しよう。

これからの時代は多重利用できない資産、つまり稼働率の悪い資産は淘汰されていく運命にあると僕は予測している。儲からないビジネスは、だいたい稼働率が悪いものだ。

77

Strategy, Execution, Operation.

Strategy, Execution, Operation.

すべてのビジネスは、この3つの循環で進行する。戦略を立て、その戦略を実行するための細部を練り上げ、確実に実行する。その繰り返しで、ビジネスは発展していく。

僕が問題だと思うのは、戦略の重要性があまりにも強調され過ぎていることだ。

成功はすべて戦略にかかっているかのような錯覚がある。人物伝や成功談でも、戦略のことばかりが語られる。他の2つに比べると、戦略は圧倒的に派手で説明しやすいからだろう。その典型が戦記物で、義経の鵯越《ひよどりごえ》だの秀吉の墨俣《すのまた》一夜城だの、例をあげれば枚挙にいとまがない。僕に言わせれば、そんなものは十中八九フィクションだ。万一そうでなかったとしても、興味があるのは戦略よりも、それをいかにして実行したかだ。その崖を駆け下りる馬はどういう訓練をしたのか、一夜城を建てるのに何人の人間が何をしたか。

もちろん、そんなことは戦記物には書かれていない。書いたって、退屈で誰も読まないだろう。けれど、物事を達成するには、その退屈な部分が重要なのだ。

現実のビジネスでも同じようなことが起きている。失敗したときに、その原因が最初の3つの循環の、どこにあるのかを読み解こうとしない。短絡的に、戦略を誤った、ビジネスモデルに問題があったと結論付けて終わりにすることが驚くほど多い。失敗＝ビジネスモデルの欠陥。そういう等式でも、あるかのようだ。僕はまったく逆の考えだ。失敗の原因の大半は、戦略ではなく、エグゼキューションやオペレーションにある。戦略は間違っていない。それをやり切る手法と、その遂行に問題があることの方が圧倒的に多いのだ。

インターネット・ショッピングというアイデアを練っていたとき、そんなビジネスモデルが間違っていることは証明済みだと言う人が何人もいた。その当時、すでに大手の何社かが実際に運営して、しかもどこも上手くいっていなかったのだ。

けれど、僕はビジネスモデルではなく、別のところに問題があると考えていた。調べてみると、どのショッピングモールのサイトを覗いても、魅力が感じられなかった。更新頻度が低くて、情報が古い。バレンタインデーが目前なのに、クリスマス用品を並べているサイトまであった。当時のインターネット・ショッピングモールは、運営する企業がそれぞれの店舗のホームページを作っていた。専門家でなければホームページを作るのが難しかったからだ。おかげで、商品写真をひとつ入れ替えるのにも時間と手間がかかる。インターネットは速報性が武器なのに、それがまったく生かせていなかった。

これは、ビジネスモデルの欠陥ではない。エグゼキューションに問題があったわけだ。

僕たちは、出店者の方たちが自分で簡単にホームページを作れるシステムを開発して、この問題を解決した。素人の僕たちが、世の中にまだほとんど存在していないようなシステムの開発に挑んだわけだ。無茶と言われても仕方がないが、このシステムが開発できなければ、現在の楽天がなかったことは言うまでもない。

戦略を考えるのも大切だけれど、エグゼキューションと、オペレーションの重要性を忘れてはいけない。そこにも工夫の余地が山ほどあるのだ。

その部分でどこまで知恵を絞り、努力を重ねるか。不可能を可能にし、奇跡を成し遂げられるか否かは、その知恵と努力にかかっている。

78

成功の方法論はひとつではない。

成功する方法は、挑戦する人の数だけある。

同じことに挑戦するときも、前を行く人の通った道を行く必要はない。

山を登っていて、道を見つけると、そこを歩きたくなるのは人情だ。それが、いちばんの近道なのだろうと思う。けれど、ビジネスにおいてそれは愚策だ。

なぜなら、どんなに急いでその道を歩いても、先に誰かがつかえているから。ビジネスの道は獣道のようなもので、とにかく狭い。横幅は一人分しかないと思った方がいい。

同じ方法で、先行者を抜くのは不可能とは言わないけれど、きわめて難しい。追い抜くためには、むしろ別のルートを探した方がいい。

ビジネスの道は、自分で切り開くべきなのだ。

頂上に辿り着く方法はひとつではない。

他の人と違ったアプローチは、必ずあるのだ。

たとえば、グーグルの検索システム。今やあれには勝つことはできないと、誰もが諦めてしまっているらしい。

まったく別のやり方で、グーグルの検索システムを凌駕する仕組みを構築することは不可能ではないと僕は思っている。

にもかかわらず、それにチャレンジする人は極めて少ない。やはり成功の方法論はひとつしかないと、心のどこかでみんなが信じているからだろう。

この教訓には、もうひとつ意味がある。

ひとつのことに成功すると、人はその成功を繰り返そうとする。つまり、同じ勝ちのパターンにこだわるわけだ。パターンは、ひとつのフレームワークだ。

もちろんそれは、他の勝負にも応用できる。

だから、勝ちパターンを持つのは悪いことではない。他の項でも書いたように、勝利の型を確立し、それを横展開するというわけだ。

けれど、それだけに執着するのは危険だ。

その勝ちパターンが、すべてではない。

勝ちパターンはひとつではないということを、忘れてはいけない。

成功の方法論はひとつではない。

そのことを常に意識していないと、思考が柔軟性を失って、いつも同じパターンに陥ってしまうことになるのだ。

79

圧倒的なコスト差を創造した企業は必ず勝利する。

コスト削減というと、すぐに事業の縮小とか計画の放棄というような話になるが、それは大きな間違いだ。まず第一に、コストリダクションは新しいビジネスモデルを作るのに匹敵する、創造的な作業だ。第二に、コストリダクションは成長の妨げにはならない。むしろ成長を加速させるためにも、コストリダクションはやるべきなのだ。

実際に僕たちは以前、コストの大幅な削減に成功した。1ヶ月で15億円、年間で180億円のコストを削減できたのだ。

もちろん、開発部門の構造的な見直しやコーポレート費用の大幅な削減もやった。象徴的な例としては、たとえば、会議の数を半分にする、会議の参加者を半分にする、会議の時間も半分にした。2分の1の3乗で、会議のコストを8分の1にできるわけだ。この方法は、会議だけでなく、基本的にすべての仕事に応用できる。無駄な仕事を減らして2分の1にする。仕事にかける人を減らし2分の1にする。仕事にかける時間を減らし2分の1にする。時は金なりと言うけれど、企業における時間とコストは完全に等価なのだ。

もちろんそういうことだけでなく、コピー用紙は両面使うだけでなく、文書を縮小してA3用紙1ページにA4用紙を8ページ分をコピーするとか、エレベーターの使用法を効率的にするとか、細かい部分でも無駄を徹底的に省く努力も重ねた結果が、年間で180億円という膨大なコストリダクションにつながった。

これが中途半端だったら、上手くいかなかった。5%や10%では駄目なのだ。2分の1、3分の1を目指すから、上手く機能した。コストをそこまで減らすには、仕事の方法論を根本から変える必要がある。

たとえば新規参入で企業が新しい分野に進出するとき、資金をできる限り投入しようとする。失敗できないから、練り上げた絶対確実なビジネスプランを構築し、万全を期して進出するわけだ。だいたいそれで失敗する。成功率は5割がいいところだろう。甘い予測は裏切られ、不測の事態に足をすくわれる。

資金をかけるということは、それだけ体重が重くなるということだ。変化に対して、俊敏に対応できなくなる。新しい分野という不確定要素の多い状況では、体重は軽い方がいい。ジュラ紀の終わりの地球環境の激変で、恐竜たちは滅んだ。その時代を生き延びた我々の祖先は、現代のネズミのようなごく小さな哺乳動物だったのだ。

新規参入ほど大事ではなくても、企業は様々な新しい試みを繰り返している。僕はそれを実験フェーズと呼ぶのだが、この段階でかける金をできるだけ少なくすることが、成功の条件だと思っている。理由は今述べた通り。体重は軽い方がいい。コストリダクションには、そういう意味もある。ひとつの実験フェーズにかける資金を減らすことは、実験の回数を増やせるということなのだ。打ち手を減らすどころか、増やせるわけだ。

もちろん、その実験フェーズが成功したと確信したら、一気にスピードを上げる。この加速度をいかに上げられるかも勝負なのだが、それもまた組織をスリム化しておくことで実現する。すべてのユニットが軽量化され、組織の柔軟性が高くなっているから、人員の配置ということも含め、小さく始めた実験を大きく展開するのに時間がかからないのだ。

コストリダクションは、企業にとってのある種の脱皮だ。サナギが繭を破って蝶になるように、コストリダクションを経て企業は飛躍的な進化を遂げる。

圧倒的なコスト差を創造した企業は必ず勝利するのだ。

80

継続的に価値を創造できる仕組みを作る。

企業は人よりも長い命を持っている。

楽天は、いつの日か僕が去ったあとも生き続ける。

生き続けて欲しいと思う。

それは企業という形をした、僕の理想だからだ。

虎は皮を残し、人は名を残すというけれど、僕はそんなことに興味はない。

僕は仕組みを残したい。継続的に価値を創造する仕組みだ。


企業の本質は、仕組みだ。

僕の体を構成する原子は、今こうしている間にも刻一刻と入れ替わっているという。それでも僕という人間が同一性を保っていられるのはなぜか、その不思議なメカニズムを解き明かすことは現代科学の大きなテーマになっている。

企業にもよく似たところがあって、構成する人間が入れ替わっても、同一性が保たれるわけだけれど、企業におけるメカニズムは明らかだ。

それがつまり、仕組みだ。

利益を上げる仕組み、失敗を成功に変える仕組み、チームワークを生み出す仕組み、他者に学ぶ仕組み、人を育てる仕組み……。楽天には様々な仕組みがあるけれど、何よりも大切なのは価値を創造し続ける仕組みだ。というよりも、価値を創造し続けるために、様々な仕組みがあると言った方がいいかもしれない。

価値を創造し続けなければ、企業は生きていけないのだ。

ベンチャー企業がもて囃《はや》されるのは、目新しい価値を創造するからだ。

その賞賛が長続きしないのは、目新しい価値はすぐに陳腐化するからだ。

継続的に価値を創造していくためには、あらゆるものについて、改善し改良する努力を積み重ねていくしかないと思っている。改善に終わりはないのだ。

僕が去ったあとも、改善を続けることのできる仕組みを確立すること。それが、僕の最大の仕事だと思っている。世界一の企業になるという大きな目標も、そういう意味では、そのためのひとつの手段にすぎないのだ。

第6章

世界観を育てる

世界をどう見るかで、ビジネスのアイデアは変わる。

新しいビジネスモデルを構築するには、大きくて、正確な世界観を育てなければならない。

81

インターネット（ショップ）は自動販売機ではない。コミュニケーションこそが、最大のエンターテインメントである。

インターネットは、人と人とをつなぐ道具だ。テクノロジーがどんなに進歩しても、人間そのものは変わらない。人は人とつながりたい生き物なのだ。インターネットが可能にすることは無数にあるとしても、それが人と人とをつなぐコミュニケーションツールであるという根本は絶対に動かない。

そのコミュニケーションという機能に注目し、生まれたのが楽天市場というインターネット・ショッピングモールのアイデアだ。インターネットでの買い物というと、便利さとか手軽さという側面ばかりが強調されるけれど、それは本質的なセールスポイントにはならない。楽天市場の最大の特徴は、それがインターネットというツールを使った、対面販売だというところにある。現実の店舗がどこにあろうと、日本中の人を相手に対面販売ができるのが、楽天市場の最大の強さなのだ。

楽天市場をオープンした当時、他にもいくつかインターネットのショッピングモールは存在していたけれど、基本的にはどれも一種の委託販売だった。商品のカタログを作るのも、商品の発送も、顧客対応も、ショッピングモールの側がすべて引き受けていた。

そういう方法では、成功するわけがないと僕は思った。商品をいちばんよく知っているのは出店者であり、商品をいちばん売りたいと思っているのも出店者だ。カタログを作るにせよ、顧客対応をするにせよ、出店者の方がずっと熱心なはずだ。顧客の側だって、商品に直接責任を持つ出店者と話した方が、ずっと話が早い。それになにより、そこには店と顧客との間にコミュニケーションが生まれる。ネットで買い物をするのは、単に便利だからというだけではない。それはある種の楽しみでもあって、むしろその側面の方が大きいのではないかと思う。ネットショッピングはエンターテインメントでもあるわけだ。

だから、楽天市場では、それぞれの出店者に、自分の店のホームページを作り、商品の発送はもちろん、顧客対応もしていただくことにした。インターネットはおろか、パソコンにも触ったことのないという人が多かったあの時代に、それは無謀ではないかという意見があったのも事実だ。実際にホームページを作ったり、顧客からのEメールに対応したりするのは、パソコンに詳しい専門家でなければ難しいのではないかというわけだ。

けれど、それを我々がやってしまっては、インターネットの本質が生かせない。僕たちは、パソコンに触れたことがない人でも、簡単にホームページが作れるシステムを開発することにした。ネットを通じた顧客対応にしても、最初は戸惑うこともあるかもしれないけれど、それが上手くできるようになれば顧客とのコミュニケーションはさらに円滑になるはずだ。それが出店者自身の成長にもつながるだろうと考えたのだ。

その結果として、現在の楽天市場には約6万の出店者が「軒を並べる」ことになった。それぞれの出店者のきめ細かな顧客対応が、楽天市場の成功の秘密だ。なにしろ全体として考えれば、少なく見積もっても楽天市場には10万人近くの顧客対応の専門家が存在していることになるわけだ。そこでは毎日、何十万、何百万という単位の、顧客と店の間のコミュニケーションが成立している。そんなショッピングモールは、世界中どこを探しても存在しない。インターネットショップは、自動販売機ではない。その本質はコミュニケーションなのだ。

82

世界を情報源にする。

日本のメディアを否定するつもりはないけれど、新聞にしても雑誌にしても、日本と欧米のメディアには本質的な違いがあるような気がしてならない。

たとえば日本の新聞で重視されるのは、特ダネというやつだ。他社よりも先に、あるニュースを掲載することを至上命題にしている。

その特ダネの性質にもよるけれど、僕はそういうものに価値を感じたことはほとんどない。そのために一所懸命になっている新聞記者の方には申し訳ないが、ある出来事を半日や1日、先に報道したからといって何が偉いのかと思う。そういう風潮があるのは、結局のところ日本における報道が、事実の羅列になっていて、エディトリアルの余地がきわめて小さいからだろう。

欧米のメディアは、エディトリアルが中心だ。基本的にすべての記事に論評があって記者の名前が記されている。メディアの優劣を決めるのは、その論評の質の高さであり、それゆえに良質なメディアにはいつも優れた論評が載っている。僕は必ず海外のニュースに目を通しているけれど、その論評はいつも自分の方向感覚であったり、事業の方向性を考える上できわめて役に立っている。

日本のメディアにもきちんと目を通すという前提での話だけれど、海外の、特に少なくとも欧米の良質な新聞や雑誌は、時間を作ってでも読むべきだ。論理的な思考力を高めるためにも、これは是非読者に勧めたい。英語が苦手なら、辞書を片手に読むだけでも、かなり参考になるはずだ。

それからもうひとつ、日本人にとって世界のニュースを知ることは、ひとつの思考実験にもなる。世界で起きていることが、そのまま日本で起きるとは限らない。けれど、もしこういうことが日本で起きたらどうなるだろうかと考えることは、将来を読む訓練にもなる。

世界は一体化していると言うけれど、日本と世界の間にはいまだにタイムラグが存在しているのが事実だし、その状態はもうしばらくは続くはずだ。太平洋という障壁は飛行機によって壊されたけれど、日本語という言語障壁がまだ残っているからだ。インターネットも、まだこの障壁を完全に破壊することはできないでいる。

そして、世界には日本の人口の約60倍の人が住んでいるわけだ。

単純計算すれば、60倍の出来事が起きている。日本にも、もちろん世界のニュースは入ってくるけれど、それはほんの一部でしかない。

欧米の新聞や雑誌を読むようになればすぐ感じることだが、日本国内の情報源だけではリアルタイムで世界で何が起きているかがほとんどわからないというのが現実だ。世界を視野に入れたとき、それは目隠しをされているのと同じことなのだ。

83

ロングテールを理解せよ。

尻尾がとびきり長い恐竜を想像してみよう。成熟した社会の、人の趣味や趣向を表すグラフだ。このグラフのいちばん高い部分、つまり恐竜の頭は最も人気のあるものに興味を持つ人の数を表している。頭から首、胴体、尻尾になるにしたがって人の数が減っていく。いわゆるマイナーな趣味の世界に入っていくわけだ。

日本で言うなら、たとえば高度経済成長期のような社会が若かった時代には、この尻尾はそれほど長くない。少数のものに人気が集中するから、つまり恐竜の頭が極端に高くなり尻尾は短くぷつんと切れる。恐竜の種類で言えば、二足歩行のティラノサウルスのようなY軸方向が高くX軸方向は短いグラフになる。

ところが社会が成熟するにつれ、恐竜の頭は低くなり、その一方で尻尾がどんどん伸びていく。若い社会ほど極端に何かが流行るということがなくなり、その代わり様々な趣味嗜好が増えていく。Y軸方向が低く、X軸方向が長い首長竜型グラフだ。

社会が成熟すれば、あらゆるものの選択肢が増える。それと同時に、個人の趣味が多様化する。これは、おそらくあらゆる社会に当てはまる現象だ。一時、マイブームなどという言葉が流行ったことがあるけれど、このマイブームという言葉が成熟した社会の姿を端的に表している。ブームを引き起こす母集団が極端に少人数化しているのだ。

既存のビジネスは、現実の社会がロングテール化しているのに、ショートテールのビジネスで対応してきたわけだ。それでは対応しきれなくなったのが、近年の〝不況〟のひとつの大きな理由だ。クルマが売れなくなったのも、本やCDが売れなくなったのも、ブランド品が売れなくなったのも。尻尾が伸びれば、頭は低くなる。低くなった分を、商品構成を増やすことでしのごうとはしているのだろうが、採算の問題があるからどこまでも伸ばすわけにはいかない。物理的限界があるのだ。

業種によって対応の方法や限界は異なるにせよ、とにかくこのロングテール化にいかに柔軟に対応するかが最大のテーマになるだろう。

楽天市場が27年でここまで成長したのも、ロングテール化と無縁ではない。個人レベルでも出店できるシステムを構築したのは、多様化した趣味嗜好に柔軟に対応するためでもある。ひとつの店舗では、それがいかに巨大なショッピングセンターであろうと、並べる商品の種類には限界があるのだ。これに対して、現在の楽天市場は、約6万の小売店の集合体だ。それぞれの出店者が扱うのが商品という物理的実体である以上、物理的な制約から完全に自由というわけではない。6万の小売店の集合体には、6万の小売店の限界があるわけだが、このシステムが優れているのは、その数を理論的にはどこまでも増やしていけるところにある。

もちろんそれは、楽天のエンドユーザーをどこまで増やせるかにもかかっている。多様化した社会の趣味嗜好を楽天市場の内部にどこまで取り込めるかという問題だ。そしてそのことは、楽天そのものをどれだけロングテール化できるかにかかっている。鶏が先か卵が先かみたいな話だけれど、すでにその連鎖反応が始まっている以上、僕たちは究極を目指して努力するしかない。楽天のコンセプトは、ロングテール＝everything。すべてのものがそこにある世界、ひとつの小宇宙なのだ。

84

記事になった情報は、2nd information。自分のネットワークで時流を摑め。

海外を情報源とするという項目で、欧米の新聞を読むことを勧めた。

ただし、記事になった情報があくまで2次情報であるということは、いつも心の片隅にとめておかなければならない。インターネットから得られる情報も同じことだ。それが他の人にもアクセスできる情報であることは言うまでもないし、自分の手元に届くまでにはどうしてもタイムラグが生じてしまう。

新鮮な1次情報源を増やす努力をしよう。

食品関係の仕事なら、農家や畜産業者、漁業関係者は良質な1次情報源になる。インターネット・ビジネスなら、ユーザーや顧客はもちろんだし、大学の研究者や一般の小売業者が1次情報源になることもある。

もちろん、自分のビジネスに直接関係する情報だけが貴重なわけではない。

自分の仕事だけで手一杯の生活をしていると、どうしても世間が狭くなる。

狭い世間を補うために新聞や雑誌、インターネットなどなど、様々な2次情報源を活用するわけだけれど、それだけでは足りない。世の中の生の情報に触れるために、会社の仕事をさっさと終わらせて、もっと世間に出ようという話なのだ。同僚との話は会社でもできる、それよりも異業種の人々の話を聞く機会を増やすべきだ。

明治維新の偉人たちは、長い危険な船旅という手段しかないあの時代に、はるばる欧米諸国にまで旅をして、自分の目や耳で欧米の近代文明を確かめた。その経験や感動が、あの時代を動かす原動力になったのだ。あの時代の日本にだって、たくさんの欧米の書物はあったし、かなりの数の欧米人が日本にやってきていたわけだから、本を読んだり話を聞いたり、いわゆる2次情報で欧米の文明を理解することも可能だったはずだ。けれど、やっぱりそれでは足りないのだ。

知識としてわかり切っていることでも、直接自分で体験してみたら、印象がまったく違っていたということはいくらでもある。まして2次情報は、一度他人の脳を経由した情報なのだ。その過程で主観は当然混入するし、取捨選択も行われる。

2次情報だけでは、正確に時流を摑むことはできないのだ。

もちろん現代の世界の膨大な情報源のすべてを、直接自分の目と耳で確かめるなんてことはできる相談ではない。どんなに頻繁に世界を飛び回っている人でも、情報のかなりの部分を2次情報に頼らなければならないのも現実だ。

けれど、しっかりと生の情報に触れる努力をしているといないとでは、その2次情報の生かし方にも大きな差が生まれてくる。

早い話が、一度でもニューヨークの街角を歩いて、ニューヨークの空気を吸って、その上でニューヨークで今起きているニュースを聞くのと、まったくその経験もなくニューヨークのニュースを聞くのとでは、理解の深さが違うということだ。ニューヨークに信頼できる友人を作れば、さらにそのニュースを別の角度から分析することもできる。

インターネット時代において、自分が直接体験することの価値は大きくなっている。時流を誰よりも早く摑むためにも、自分の皮膚感覚、目と耳で直接確かめた情報を増やす努力をしよう。

独自の情報ネットワークを構築して、時流を摑むのだ。

85

インターネットは国境をなくす。世界観を持て。

インターネットが、地球全体にある種の大きな革命をもたらし、国家や国境という概念が変化しているということは、すでに書いた。

そういう時代において大事なことは、まず自分の心の中から、国境を消してみることだ。

日本は長い間、海と言語という2つの障壁によって、世界から孤立していた。世界の荒波から守られていたと言ってもいいかもしれない。その揺りかごのような世界で、独自の文明と文化を発展させてきたことは誇っていいことだろう。

けれどそれと引き換えに、世界と関わる技術を成熟させることができなかった。

21世紀の現代になっても、その〝後遺症〟から脱却していない。

多くの日本人にとって〝世界〟はまだ、こちらから出かけていくひとつの異世界でしかない。日本とは別に、世界という場所があるかのように感じている。

だから、どこへ行っても、自分たちは〝お客さん〟であるかのように感じる。

日本も世界の一部であり、それはつながっているひとつのものだという認識が持てないのだ。いや、概念としてはそれがわかっているのだろうけれど、皮膚感覚としてそれを実感してはいない。

だから、外国のニュースは多くの日本人にとってどこか他人事なのだ。

中東で問題が起きれば、それがダイレクトに日本に影響するのは明らかなのに、そのことを当事者として考えようとはしない。

あくまで感覚的な話だけれど、欧米の人たちは外国で起きていることを、日本人が国内の他の地方で起きていることに感じるのと同じくらいの切実さをもって感じているというのに、である。

ビジネスの場合でも、欧米人はごく自然に外国を視野に入れるけれど、これだけ日本の経済や産業が外国と深く結びついているにもかかわらず、日本人はいまだに〝世界進出〟などといっている。

そういう感覚を、意識して変えようということだ。

世界はひとつだと、口でいうのは簡単だ。

けれど、心からそう感じるのは、多くの平均的な日本人にとってはまだ難しい。

その感覚を変えなければ、インターネットによって国境という概念が失われていく今の時代に適応することはできない。世界から日本に流入してくる人や資本や情報の波に翻弄《ほんろう》されて、それこそ日本という国の進むべき方向を見失ってしまうだろう。

86
世界のベストプラクティスを勉強せよ。

自分の身近にある成功例に気がつかないというのと同じ意味で、もうひとつ見落とされている成功例がある。

たとえば、世界中の誰もが知っているような、世界でナンバーワンのものがなぜ世界でナンバーワンになっているのか。

その理由を、はっきりと説明できるだろうか。

あまりにも当たり前であるがゆえに、それがなぜかとは考えない。

それは、人間の心の癖のようなものだ。

「雲はなぜ空に浮かんでいるのか。普通の大人はそのことを不思議に思わない。けれど自分は精神の発達が遅かったから、かなり成長してからそのことを不思議に思った。だから自分は科学者になった」

アインシュタインは、かつてそういう意味のことを語った。

ビジネスだって同じことだ。

雲が空に浮かぶ理由があるように、世界一には世界一の理由が必ずある。ならば、それを詳しく分析して、自分のビジネスに応用するべきだ。

調べてみればすぐにわかることだけれど、世界一になるような企業は、それぞれにきわめてユニークな特徴を持っている。ひとつの業界のトップに立つ企業の実体は、その業界の典型的な企業の姿とは大きくかけはなれている。典型例は成功例ではないのだ。

意外に思うかもしれないが、よく考えてみればこれは当たり前のことだ。常識的な方法では、世界の頂点に立つことなどできはしない。誰も考えもしないようなことを成し遂げてはじめて、ドングリの背比べから抜け出すことができるのだ。

だから世界一の企業は、それぞれにユニークな、つまり唯一の存在なのだ。ところがどういうわけか、世界中の誰もが知っているような有名な企業の、そのユニークさがあまり知られていない。業績に目を眩《くら》まされて、ユニークさは特殊事情ということで片付けられてしまうのだろうか。

その特殊事情にこそ、成功の鍵が隠されているのだ。

もちろん、それをそのまま自分のビジネスに応用するのは難しいはずだ。簡単に応用できるものなら、すでに他の企業が真似している。

けれど、その特殊事情を掘り下げて、なぜそれが上手くいっているのかという根本的な理由を突き止めれば、それは自分のビジネスにも生かすことができる。

世界一の企業のユニークさのエッセンスを抽出して、他の分野でも応用が可能な普遍的な原理を発見するというわけだ。アインシュタインになったつもりで、世界のベストプラクティスに学び、成功の基本原理を極めよう。

雲がなぜ空に浮かんでいるのか。その不思議さを、いつも忘れてはいけない。

87

ネットはメディアになり、メディアはネット化する。そしてメディアの中心がネットになる。

産業革命以降、世界の産業は大量生産の方向へ向かった。この大量生産、大量販売の産業と共に発達したのが現代の広告だ。

大量生産方式では、製品がいかに多くの購買者に支持されるかが重要なテーマだ。そこで、重要な役割を果たしたのが広告だった。それ以前の時代の製品は、購入者に合わせて作るカスタムメイドが主流だった。大量生産の製品はレディメイドだ。カスタムメイド製品を押しのけて、レディメイド製品が主流になった理由が、まず第一に極端な低価格化にあったのは事実だけれど、広告が果たした役割も見逃せない。広告は情報を一般大衆に広める手段だ。製品の魅力を語り、購買意欲をかきたてるのが目的だ。購買意欲はしばしば連鎖反応を起こし、流行が生まれる。

ここで面白いのは、流行はある種の個性の表現であると同時に、個性の喪失でもあるというところだ。ある人が最新の流行ファッションを身につけるのは、自分の個性を表現するためだ。けれど実際にはそのファッションを身につけることで、その人の個性は大衆の中に埋没していく。流行は瞬く間に陳腐化し、また新たな流行が生まれる。この奇妙なサイクルは、大量生産方式と相性がいい。流行のサイクルが、消費を増大させるわけだ。かくして、大量生産方式と広告は切っても切れない仲になった。

現代文明が成熟するにつれ、多種多様な製品が作られるようになる。製品が多様化するのは自由競争の宿命だ。消費者の趣味や嗜好が細かく分析され、それに合わせた製品が作られるようになると、広告媒体も細分化されていくことになる。80年代から雑誌の種類が急激に増えた本質的な理由もそこにある。採算性の限界があるからこの細分化には限界がある。それは既存の広告の限界でもあり、またマスコミの限界でもあるわけだ。ただし、限界はあっても、広告を必要とする構造には変化がないから、ある種の既得権益としてマスコミは存在できたのだ。

その構造を揺るがせたのが、インターネットだ。インターネットは以前から進行していた個人の趣味の多様化という現象の絶好の受け皿になった。インターネット上での情報の受け手は、同時に情報の送り手でもある。小さなコミュニティが無数に生まれ、網の目のように張り巡らされた様々な経路で情報の交換が行われ、流行という言葉の定義から逸脱するほど小さな〝流行〟が泡のように生まれては消える。インターネットがメディアとして機能するようになった結果として、趣味の多様化が加速し、かつての意味での流行はその規模を縮小しているというわけだ。マスコミという既存のメディアは、細分化されたこの新しい世界観に対応するのが難しい。それは基本的に、一対多の情報伝達手段による既存の広告手法に依存して成立しているからだ。捕鯨船で、メダカを追うようなものだ。

新聞の発行部数も、テレビ局の広告収入も減る一方だ。テレビ番組はますますつまらなくなり、子供たちですらテレビを見なくなっている。コンテンツを製作する能力さえ失ったテレビ局に将来があるわけがない。新聞社にしても現在のスタイルに固執する限り、結局は同じことだろう。

その流れは、かつて僕が想像していたよりも遥かに速いスピードで進行している。正直に言って、25年以上前から僕はこうなることを予測していたけれど、まさかこんなに早くここまで来るとは思っていなかった。

遠くない将来……、いやかなり近い将来に、メディアの中心はネットになるだろう。それは、もはや避けようのない運命なのだ。

88

金融もすべてネット化する。

お金は、本質的にはデジタル情報だ。

人間の脳が作り出した、ひとつの約束事でしかない。

だから、インターネットに乗せることができる。

そしてその方が、どう考えても便利だ。

だから、そう遠くない将来に、お金は完全にネット上に乗せられてしまうだろう。貨幣や紙幣が発行されなくなるのは時間の問題だ。

そういうことに抵抗を感じる人がいるのはわかる。

1万円札には、1万円札の重さがあるというわけだ。

その気持ちを理解した上で、敢えて言うのだけれど、そういう感情はやはり単なる感傷に過ぎないと思っている。

かつては手渡しされていた給料が銀行振り込みになり始めたころは、いろいろな反対意見や、感傷的な反発を感じる人もいたけれど、現在では基本的にすべてがそうなっていて、誰も違和感を覚えていない。

金融のネット化も同じことなのだ。

ネットバンク、ネット証券、ネット保険。

すでに、ほとんどの金融事業が、ネット化して急成長している。ネット化すれば、手数料を格段に引き下げることができるから、これもそう遠くない将来に、完全にネット上に移行してしまうはずだ。

その流れを押し止めることは誰にもできない。

金融事業はすべて、ネット化するだろう。

銀行も、証券会社も、リアルな店舗を持つ必要がなくなるはずだ。

これからのビジネスモデルは、すべてそういう未来が前提になる。

そうなったときに、何が起きるかを考えておかなければ、時代に取り残されることは目に見えている。

89

グローバル化することで、ローカルを強化する。

日本だけを見ていると、日本のことがよく見えなくなる。

外国に行ってはじめて、日本の姿が見える。あるものの特徴とか、特殊性は、他のものと比較したときに、はっきりと見えるのだ。

グローバル化するとは、外から日本を眺めるということでもある。つまり日本をより良い国にするために、グローバル化するのだ。

そのことを強く思ったのは、バブル経済が崩壊したあとのことだった。

なぜ日本の金融機関が弱いのか、その理由がはっきり見えたのだ。

地価が暴落したとき、日本の金融機関は必死で売ろうとしていた。

外国の金融機関は、ここぞとばかりに買った。

日本人は底値で売って、外国人は底値で買ったのだ。

底値で買えるのが、世界の金融機関の強さなのだ。

それは、世界を見ているからだ。バブル崩壊は、日本で経験している限りは、前代未聞の事件だった。地価も株価も暴落して、奈落の底まで落ちるのではないか。その恐怖感が底値で売るという結果につながった。

けれど世界中を知っていれば、それはありふれたひとつの現象でしかない。地価にだって循環があるのだ。底値は必ずあるものだし、そこで買えば利益は必ず上がるのだ。世界中を見てきた経験則でそれを判断し、彼らは巨大な利益を得たわけだ。グローバル化していたからこそ、バブル崩壊をひとつのビジネスチャンスに変えられたのだ。

グローバル企業の強さは、世界中のマーケットの中から、成功例を引き出して、それを他のマーケットでも応用できるところにある。現在の日本を揺るがせている様々な国内問題も、日本だけを見るのではなく、地球全体を見渡せるまで視点を引いて眺めれば、まったく別の角度から解決する方法が見つかるはずなのだ。

もっとも、外国のケースを付け焼き刃的に引っ張ってきて、机上の空論を並べ立てようと言っているわけではない。隣の家をちらりと覗いて、隣はああしているから、ウチでもこうしようというような話ではないのだ。

腰を据えて外国とつきあい、そこにしっかりとした根を張る。

他人事として外国を見るのではない。同じ世界に住む一員として、自分の問題として、その国の本質を知る。そして、その目で日本という国をあらためて見渡す。

それが、本当の意味でグローバル化するということだと思う。

90

過去の成功例を、徹底的に分析せよ。

これは謙虚になるということでもある。

人間には自己顕示欲がある。成功したい理由はいろいろあるだろうけれど、この自己顕示欲というのも見逃せない。自分が優れていると、他人に示したいのだ。猫だって雀を捕まえて、飼い主のところへ持ってきたりするわけだから、この本能は人間だけのものではないのかもしれない。かなり根深いものなのだ。

そして自己顕示欲のゆえに、自分のやり方でやろうとする。自分のやり方が正しいことを、他人に見せつけたいからだ。そしてたいてい失敗する。

現代人にはもうひとつ思い上がりがある。それは、自分たちが歴史上、最も進歩した文明の中にいるという思い上がりだ。自分たちが切り開くのは未来であって、古くさい過去など参考にならないというわけだ。

けれど、このことはよく考えてみた方がいい。

確かに、100年前にパソコンはなかった。だからと言って、パソコンを使っている現代人は偉いのか。だいたい、そのパソコンの中身がどうなっているのかわかっている人がどれくらいいるか。パソコンどころか、携帯電話もテレビも、いやマッチでさえ、作ってみろと言われて、作れる人がどれだけいるだろう。

我々が享受している進んだ文明というのは、すべてただ単にそこにあったということに過ぎない。仕組みも、構造も知らずに、使っているだけのことだ。

そして、そういうものを使って何をやっているかと言えば、昔の人とほとんど同じことを繰り返しているだけだ。

たとえば、100万都市だった江戸の街には、現在の100万都市にあるものがたいてい何でも揃っていた。調べてみればすぐにわかるが、それは驚くほどだ。情報産業もあればリサイクル産業もあった、飲食ビジネスはもちろん人材派遣業だってあった。

そしていつの時代でも、組織というものは同じような発展過程を辿る。組織が成功する理由も、失敗する原因もそう大きな違いはないのだ。その途上で生じる問題や、陥穽の在《あり》処《か》も、衰退の原因も共通するところがきわめて多い。

文明は変わっても、人間の中身は何も変わっていないということなのだろう。

江戸時代まで遡らなくても、ちょっと後ろを振り返るだけで、自分が現在越えようとしている壁を乗り越える方法の、少なくともヒントくらいはいくらでも見つかる。そういう目で見れば、歴史は人間の数限りない試行錯誤の保管所のようなものなのだ。

これを利用しないという手はない。
意味もない自己顕示欲や、思い上がりは捨てた方がいい。
結局のところ、最終的に成功するのは謙虚に学べる人なのだ。
それもまた、歴史が僕に教えてくれたことだ。

91 日本人は内弁慶すぎる。もっと自信を持とう。

これは、僕の実感だ。

現状を見れば、世界中のインターネット企業が、中国の企業も、韓国の企業もみんな世界へ出ていっている。ところが、楽天が海外に進出すると宣言したら、ある記者の人がこういう質問した。

「なぜ、海外進出しようと考えたのですか?」

それが、日本人の考え方だ。いや、おそらくそれは日本の記者としては当然の質問なのだ。それを、咎《とが》めるつもりはまったくない。

ただ、僕はここがアメリカだったら、そういう質問はされないだろうと答えた。

彼らなら、間違いなくこう聞くはずだ、と。

「どうして、今まで海外に出なかったんですか」

それが、世界の考え方なのだ。

日本人は実に長い間、外国というものを、どこか別の場所にある異世界としてしか認識してこなかった。国境はすべて遠い海の上にある。海という自然の障壁に囲まれていたおかげで、外国人というものの存在をリアルに感じることなく生きられた、世界的にもきわめて稀《まれ》な国民なのだ。

その天然の揺りかごの中で、日本人は独自の文化を発達させてきた。

そして同時に、海というフィルターが、外国の文化の優れた部分だけを濾《こ》し取って日本へと送り込んできたから、日本人は基本的に外国の文化に憧れを持って接してきた。

かつて日本人は、猿真似しかできない国民だと揶揄《やゆ》されたものだけれど、今やそういうことをいう外国人はいない。猿真似ではなく、それは憧れに裏付けられた、外国の文化を受容する能力の高さなのだ。

日本という国の特殊な自然条件が、国民性のユニークさの源になっているわけで、それは誇りとすべきことだと思う。ただし、そのユニークさの中には、矯正するべき部分もある。憧れる気持ちの裏側には、気後れが隠れている。それが、日本人の内弁慶さの原因になっているのだ。

景色は遠くから見た方が綺麗だという。遠くから見れば山は美しいだけだ。けれど、登ってみれば、ただ綺麗だなどとはとても言っていられない。山道は険しいし、蛇や熊だっているわけだ。外国も、同じことだ。確かにそこには、自分の国にはない美しさや、長所もあるだろう。けれど、もちろんそれだけではない。美しさもあれば、醜さもある。長所があれば、欠点もある。それが、現実の世界なのだ。

海外旅行が特別のことではなくなって、そんなことは誰でもわかるようになったはずなのだが、長い歴史に培われた潜在意識はそう簡単には変えられないようだ。だからいまだに、心のどこかで外国に対して気後れを感じている。そうでなければ、こんな時代になったのに、日本に閉じこもって平気でいられるわけがない。

日本と外国は確かに違う。けれど結局のところ、そこに住んでいるのは同じ人間なのだ。文化は違っても、人生の喜びや悲しみに違いがあるわけではない。それさえ理解しているならば、何も恐れることはない。我々は別の星に出かけるわけではないのだ。

もっと自分に自信を持って、外国に〝進出〟しよう。

92

Never too late.

ファースト・ムーバー・アドバンテージという言葉がある。

最初に動いた者に、アドバンテージがあるということだ。

それは確かに事実で、ことにインターネット・ビジネスというフロンティアでは、このアドバンテージがきわめて大きくなる。

誰も住んでいない新天地には、競争者が存在しないから、自分の好きなだけ思い切り広い土地を独占できるというわけだ。

後発の者は、最初からこのアドバンテージを奪われている。競争が激しいから、生き延びるためにも苦労をする。最初に新天地に入植した人のように、広い土地を独占することはできない。

だから、フロンティアに進出するなら、最初の一人になるべきだというのが、ファースト・ムーバー・アドバンテージという言葉の意味だ。

けれど、どんなことでも遅すぎるということはない。

今から始めれば、なんでもできる。

僕はそう信じている。

後発は不利だ、簡単には勝てない。みんなそういう。

簡単に勝とうとするから、勝てないだけのことだ。

大きな戦略を描いて、時間をかければ大概のものは逆転できるのだ。

そこが、スポーツとビジネスの違うところで、サッカーは90分以内にそれをやらなくちゃいけないから難しい。

ビジネスの場合は自分で制限時間を決められる。90分では不可能なことでも、10年かければ実現できるのだ。

楽天市場だって、ファースト・ムーバーではなかった。後発もいいところで、「そんなビジネスモデルはすでに過去のものだ」とたくさんの人に忠告されたものだ。

それでも、僕たちはここまでやってくることができたのだ。

今僕たちが進めている楽天のモバイル事業にしても、すでに競合他社がいるのだから、成功は覚束ないと言う人が少なくない。

けれど、僕はまったくそうは思っていないのだ。

ファースト・ムーバー・アドバンテージという言葉の対になる、ベスト・ムーバー・アドバンテージという言葉がある。最善の動きをした者に、アドバンテージがあるという意味だ。最初に動いた者が、必ずしも最善の動きをしたとは限らない。

いや、仮にその時点では最善の動きであったとしても、それを凌駕する動き方は必ずどこかにあるはずなのだ。

ファースト・ムーバーになれなかったら、ベスト・ムーバーを目指せばいい。

Never too late.

人生に遅すぎるということはない。

今この瞬間から始めれば、この世に不可能ということはない。

僕は心の底から、そう信じている。

第7章

未来を生き抜く

加速度的なテクノロジーの進展に既存の概念や価値観は大きく揺さぶられている。
そんな「揺らぎの時代」に、僕たちはどうすれば前を向いて歩み続けられるのか。
未来を生きるための現代の幸福論。

93

危機においてこそ、物事の本質を見極める。

何か大きな出来事があったとき、僕たちは様々な選択を求められる。その際、大切なのは周囲の意見を「どのように聞くか」ということだろう。ただ、「聞く」ということは、実はとても難しい。それは物事の本質をいかに今ある情報から見いだし、行動を生み出すかということでもあるからだ。

たとえば新型コロナウイルス感染症の流行の際も、僕たちは「社会を開き続けるのか、あるいは封鎖するのか」という選択を迫られた。こうしたときに重要なのは、扇動的なマスメディアの情報に流されず、どれだけ冷静に物事を判断できるかだ。

残念ながら日本の社会は、歴史的に見て二度しか大きく変わったことがない、と僕は思っている。一つ目は明治維新だ。黒船が来航し、ペリーによって開国を迫られた日本は、それまでの体制を変えることになった。

二つ目は太平洋戦争での敗戦である。かつて日本はこの戦争の際、マスメディアのポピュリズム的な報道によって国民が扇動された。そのことは敗戦という破滅的な結果をもたらした一つの大きな要因となった。

そして現在、インターネットによる情報革命のフェーズの最中にいる僕たちは、「第三の開国」を必要としている。だが、どうやら日本ではよほどの大きな危機に直面しない限り、変革を自ら起こしていこうという機運は盛り上がらないように見える。


危機に瀕して初めて変わる。日本のそんな性質をあらためて思い知らされたのが、2020年からの新型コロナウイルス感染症の流行だった。

あのとき、僕は当時の菅政権と話し合い、新型コロナのワクチンを迅速に接種できるよう、民間の力を生かすために動いた。

危機の際は今、自分たちの手元にある「武器」を見つめ、何が本質であるかを考えることが重要だ。

新型コロナの流行期においては、集団免疫の獲得が見据えるべき本質的な目標だった。ならば、希望者に速やかに接種するという選択が、最も戦略的な判断ということになる。

だが、日本では接種の公平性などがメディアでも議論され、スピーディーなワクチン接種を行うまでに時間がかかったことは知っての通りだ。

日本のマスメディアや政府は公平性を強く重視する傾向にあるが、そもそもワクチン接種における公平性とは何だろうか。

ワクチンを接種して多くの人が抗体を獲得すれば、周囲の人への感染を防げるようになる。つまり、ワクチン接種の本質とは、「先に接種する人だけが利益を得るわけではない」ということだ。

医療従事者や基礎疾患を持つ人や高齢者への接種を優先させるのは、もちろん正しい判断だったが、その公平性にこだわり過ぎてしまい、集団免疫の獲得というワクチン接種の本来の目的を見失ってしまうのは本末転倒だ。

そこでその本質を見据えて僕が至ったのが、ワクチン接種の特性上、楽天の培ってきたオペレーション力が使えるのではないか、という考えだった。楽天市場の「スーパーSALE」では一日に数百万件もの取引を処理している。このような楽天グループのオペレーションやシステムを応用すれば、一日に200万~300万回のワクチン接種を行う体制も作れるはず、というわけだ。

当時、ワクチン自体は十分に供給される見込みであるとされていた一方で、地域自治体だけでは、高齢者はもちろん他の世代への接種も進んでおらず、大規模に接種できる場所や打ち手が圧倒的に足りないと言われた。

集団免疫の獲得という本質的な目標に向けて、ひとつでも多くの接種会場を設置することが求められる中、楽天では、接種機会を提供することを目指し、自前で用意可能な会場や運営人員、ご協力いただける医療法人等の体制、関係各所からの要望を踏まえ、対応を検討した。

僕たちは手始めに、楽天グループのプロサッカークラブ・ヴィッセル神戸のホームスタジアムであるノエビアスタジアム神戸で、大規模接種オペレーションを行った。

この大規模接種では国内初の産学官連携による接種体制「神戸モデル」の構築を目指した。そうして、接種ブースに向かう人の流れ、オンライン予診、ワクチン供給のシステムを構築し、一秒でも接種を効率化するための改善・検証を繰り返していき、「仕組み化」する。楽天でのビジネスがそうであるように、実際に大規模接種会場を運営して実績を作り、周囲の接種体制にも広く影響を与えていく。このときのモデルは後に「職域接種」でも生かされることになった。

新型コロナの流行は、日本という国が抱える様々な問題を浮かび上がらせた。

ワクチン承認の遅れの背景である「責任を取りたくない」という考え方、前例踏襲や無謬《むびゅう》性にこだわる官僚や行政……。小さなミスをあげつらうマスメディアの報道のあり方や、失敗を許さない世論の雰囲気も可視化された。

だが、新型コロナの流行のような危機に向き合う上での重要な考え方は、前述の通り、社会を開いた場合はどれだけの被害があり、一方で封鎖した場合は経済にどのような影響があるのかをデータによって分析し、解釈していくことであるはずだった。その中から情に流されず、メリットとデメリットを比べて判断を下す姿勢が大切だった。

いくら誰かの意見に耳を傾けても、右へ左へと判断がぶれたり、場当り的な対応につながったりするのであれば、それはただの風見鶏に過ぎない。新型コロナの流行という危機は、そのことをまざまざと教えてくれたケースであったと言えるだろう。

94

アントレプレナーは国家に反逆せよ。

テクノロジーの分野で地殻変動のような革新が起きつつある今は、世界を規定していた様々な定義そのものが変わろうとしている時代だ。

ブロックチェーンや暗号資産によって通貨や金融の定義が変わり、インターネットと生成AIのさらなる進化によってメディアやコミュニケーションの定義が変わる。そうした時代の中でパンデミックを経験し、我々の世界におけるこれまでの価値観は右へ左へと大きく揺さぶられていると言えるだろう。

そうした「揺らぎの時代」において、社会の変革をドライブするアントレプレナーシップは、これまで以上に大きな意味を持つようになっている。

アントレプレナーシップとは、自らリスクを取って新しい社会のありようを作り出そうとする精神のことだ。

たとえば、経営学の講義などで紹介される次のようなエピソードがある。

アメリカのニューヨークの道路が片側一車線だった時代、ある人が「なぜ道路を2レーンにしてはいけないのか」という疑問を覚えた。だが、市議会にその問いを投げかけても、「そんなことに費用はかけられない」と門前払い。

そのとき現れたのが一人の実業家だ。

彼は「道路を2レーンにする」という案に賛同し、道路改修に投資してリスクを取った。するとたちまちのうちに交通はスムーズになり、世界中に複数車線という概念が広がった——。

僕たちが当たり前のように享受している様々なインフラや制度も、本を正せばこのようにリスクを取って世の中を変える者の存在なしにはあり得なかった。これが、未来を構想するアントレプレナーの社会的な役割だと言える。

アントレプレナーの語源は、「entrepreneur」というフランス語だ。これは「仲介者」という意味である。つまり、アントレプレナーは道路を敷くための技術を考えるわけではなく、すでにある技術の使い方や組み合わせを考え、仲介することによって新しいサービスや世界を作り上げていく。

アントレプレナーのそんなパワーが満ち溢れているのが、やはりアメリカという国だ。ビル・ゲイツやマーク・ザッカーバーグ、スティーブ・ジョブズ……。アメリカのアントレプレナーはみな、技術の「使い方」「組み合わせ方」によってイノベーションを起こしてきた。そして、そのようなアントレプレナーシップを発揮できる環境が、アメリカの成長の原動力となってきた。

一方で日本はアントレプレナーに冷たい国だ。今なお政治家や官僚が経済や産業をコントロールしようとしており、民間の力を生かしきれていない。この国では、これまでになかった新しい試みをしようとすると、「本当に失敗しないのか」とリスクばかりが取り上げられ、結局は実行に移されないことも多い。株式市場も企業に対して安定的な経営を求める傾向にあり、企業側も思い切った事業内容の変更を行いづらい。

だが、今の時代においてはそれではあまりに遅いのだ。

そこで紹介したいのが「はじめに」でも取り上げた、10年ほど前に友人のイーロン・マスクが言っていたこんな言葉だ。

「ベンチャー企業の社会における最大の役割は、国家権力への反逆だ」

とても強い言葉である。

この言葉を聞いた当時、僕は一瞬、「そこまで言い切ってしまっていいのだろうか」と思ったものだ。だが、今振り返ると、なるほど、と思う。なぜなら、彼のこの言葉にはアントレプレナーシップの本質があるからだ。

世の中が変わっていくとき、新しい試みを最初にやろうとする者のことを、群れの中から魚を求めて最初に海に飛び込むペンギンにたとえて「ファーストペンギン」と表現することがあるが、「ファーストペンギン」は、既存のルールや規制の外にはみ出した存在とならざるを得ない。そして、彼らが衝突するその規制や既成概念を作り出している、最も強く大きな存在は国家だ。片側一車線の道路を複数車線化する――という今では当たり前のアイデアですらそうだったのだから。

だが、日本がそうであるように、「既存のビジネスをどうやって守るか」という点に多くのリソースが費やされている環境では、大きな成長をもたらすようなイノベーションは生まれない。だからこそ、アントレプレナーは「やられる前にやる」とばかりに前進し、時には国家の方針に「反逆」するくらいの姿勢を持つ必要がある。イーロン・マスクの世界観に学ぶべき点だろう。

プライベートセクターにいる個人や小さな組織が、イノベーションをリードする。すると、従来の規制の枠をはみ出してしまうことも確かにあるが、そうした精神こそが社会を前進させるエネルギーになる――という信念がアメリカには強くある。

たとえば、ウーバー・テクノロジーズの創業者、トラビス・カラニック。彼もまた、事業を広げていく際にきわめて挑発的な戦略をとった一人だった。アメリカの各州にあったライドシェアリングの規制を、あえて無視して事業を展開したのだ。

そうして既存の規制と衝突したときの対応が彼の真骨頂だった。「どちらが正しいか」「どちらが本質的か」という議論を巻き起こすことで、現状の法律の見直しを迫ったのである。

トラビス・カラニックの例を挙げたのは、「ルールをあえて破れ」と言いたいからではない。ルールは守らなければならないが、それに囚われていては新しい発想は生まれない、ということだ。

法令遵守という考え方は重要だが、その法令自体があまりにも現在の状況に合っていないこともある。そんなときには、彼らのようなアクセルを踏みっぱなしにする突破力も、時には必要である。現状の社会との激しい衝突や軋轢が、僕たちの社会を前へと進める力に変わることがあるということを、知っておいて欲しい。

95 新しい技術の構造を捉える。

僕たちが生きる今後の社会を変えていくキーワードは、「ブロックチェーン」「AI」「5G」である。なぜなら、これらの技術は従来の社会の構造や仕組みを、根底から覆すものであるからだ。

インターネットは社会に大きな変革をもたらしたが、そのITインフラはこれまで、物理的なインフラがあって初めて成立するものだった。たとえば、銀行であれば「全国銀行資金決済ネットワーク」（いわゆる「全銀ネット」）があり、コンピュータであればWindowsというOSが土台としてまずある。それらの上に産業が成立していた。

だが、今後は上記の3つの技術によって、あらゆるものが並列的にITインフラと関わってくるようになる。

その流れを明確に表しているのが、ブロックチェーン技術の進化だろう。

ブロックチェーンとは、分散型台帳を可能にする技術だ。ひとつのデータが次にどの場所に渡り、さらに今は誰が所有しているのかという履歴（ブロック）が、鎖（チェーン）

のようにつながって記録される。この記録がネット上のコミュニティで共有されることで信用が担保され、データは改ざんや偽造から守られる。ブロックチェーンはそのように、自律分散型の台帳としての役割を果たす。

ブロックチェーン技術が社会のありようを根底から変える理由は、その仕組みが従来の認証や承認という概念を変えてしまうからだ。

これまで、取引のデータの信用性というものは、一対一の取引を特定の機関が認証する仕組みによって担保されていた。お金のやりとりや様々な証書も、たとえば公証役場などの機関が「これは正式な書類である」と認定する、というやり方だ。

ところが、ブロックチェーンの技術を使うと、ネットワークがデータの正しさを保証してくれるようになるため、そうした従来の認証機関は必要なくなる。暗号資産が実際の通貨と同様の価値を持つのも、ブロックチェーンによって偽造が不可能であるデジタルデータの所有者が常に承認されているからである。これは他のあらゆるネット上のドキュメントにおいても同じだ。

この技術のインパクトの大きさは、暗号資産という、ドルや円、ユーロなど既存の通貨に対する「新しい金（ゴールド）」を、ネット上に誕生させたととらえるとわかりやすいだろう。それは国際金融の世界の常識を覆すインパクトがあったわけだ。

ブロックチェーン技術を活用すれば、国家も「ビットコイン」のように、印刷しない通貨の発行が可能となる。そのとき、これまでの通貨の概念は、理論的には必要なくなる。つまり、ブロックチェーンは国家が独占していた貨幣の発行という権力を、インターネット世界に移行する力を持っている。

このように技術の構造を理解すると、ブロックチェーンがいかに大きなイノベーションであるかが実感できる。この技術の活用が進んでいけば、前述の「全銀ネット」のような中央集権型の金融システムは改革され、金融の世界で信用力そのものの再定義が行われていくことにつながるからだ。

その意味で、ブロックチェーンベースの金融取引システムを構築し、古い仕組みの信用評価からの脱却を目指して金融のデジタル化を進めるという方向性を持てるかは、日本にとってもこれからの重要なテーマだろう。

ＡＩや５Ｇも同様だ。

ロボティクスとＧＰＳとＡＩは農業を変え、ローカル５Ｇによって製造業ではすべての機械が時差なくつながるようになる。

それらがもたらすのは、実際の物理的な社会インフラよりも、仮想インフラの価値が高くなる未来である。ＧＡＦＡ４社の合計時価総額が東証市場の合計時価総額に匹敵しているのは、そうした未来が先取りされているからだ。

だからこそ、ブロックチェーンやＡＩ、５Ｇのように、時代のターニングポイントになるような技術については、日頃から高い関心を持つ必要がある。それらの技術がこの社会に本当の意味で浸透したとき、何がどう変わるのか。変革というものは、近年の生成ＡＩの目覚ましい進化がそうであるように、僕たちが考えるよりも速いスピードで訪れる。

新しい技術の構造を理解することで、そのスピードに対応する力を培いたい。

96 イノベーションは自由から生まれる。

社会のデジタル化であれ様々なサービスのイノベーションであれ、最終的に大きなムーブメントを起こすのは「マス」の人々である。そして、そのイノベーションを生み出す根源のひとつが、表現の自由が守られていることだ。

世の中を変えるようなイノベーションをドライブするのは、やはり自由なマーケットにおける競争である。社会というものは、何者にも制限されない自由や、民意をベースにしたフィランソロピーによって発展していくことが理想だ。これは僕の信念でもある。

この信念は楽天のオフィスでも、「社長室」などを作らないことによって表現している。昔はIT企業というと従業員ごとの個室があることが多かったが、今はシリコンバレーの企業もオープンオフィスが一般的だ。その理由は上司・部下、先輩や後輩といった社内のヒエラルキーにこだわらず、開かれた場で様々な意見を各々の社員が発し、耳を傾ける環境がイノベーションを起こすためにきわめて重要であるからだ。

だから、僕はどんな意見であっても、まずは聞いてみる。経営者として社員の意見を聞いていると、時には「99%の確率で失敗するな」と感じるものもある。だが、それでも自由な発言を尊重し、まずはやってみるのがいい、と僕は考えている。そのことが社員の成長につながる場合もあるだろうし、少なくとも自由な発信をもとに行動した社員には「オーナーシップ」の力が身につくからだ。

組織のヒエラルキーにこだわらず、誰もが自由に意見を言える環境は、意識して作らなければならない。ビジネスにおいて忌憚のない意見を発せられる環境を整備する姿勢は、イノベーションを作り出していきたいと考える経営者にとって、非常に大切なものだと言えるだろう。

これは企業だけではなく、国家でも同じことだ。

たとえば、経済成長が続く中国で、ソーシャルメディアが厳しくコントロールされているのは、彼らが表現の自由が持つ影響力の大きさを知っているからである。「アラブの春」がそうであったように、表現の自由を求める人々の声は国をも動かす力を持っている。

強い成長を実感しているときは、表現の自由を求める声も押さえつけられているが、今後、中国の成長が鈍化したとき、そうした人々の声が一気に噴き出してくるに違いない。AIを使って国民の発信するデータをいくらモニタリングしたとしても、情報をフラット化していくというインターネットの本質を歪めることはできないからだ。

97

山の向こうを見るために、登るプロセスから学ぶ。

僕が好きな言葉に「see around the corner」というものがある。

翻訳すると「角を曲がった先がどうなっているか見る」。

見えていない先をどう見通すかを考えて突き進んでいく人だけが、新しい道を切り開き、世の中の仕組みを変えていくという意味だ。

ビジネスにおいては、大きな山が立ちはだかっているようなこともあるが、山の向こう側を見通すためには、登るというプロセスが必要なのは言うまでもないだろう。

楽天グループでは10年以上前から、海外拠点を含む役員に声をかけ、毎年9月に「谷川岳登山」をしている。

群馬県と新潟県の県境にある谷川岳は、標高1977メートルの美しい山で、ロッククライミングの名所としても知られる。体力に自信のない人はロープウェイを使って天神平スキー場の登山口を利用するが、自信のある人は「日本三大急登」のひとつに数えられる西黒尾根のルートへ。僕は必ず後者を選んでおり、森林限界を越えた先に見える切り立った山々の絶景にはいつも心を奪われる。

僕が登山を始めたのは、山を登るという行為に大きな学びがあると感じたからだった。尾根を越えればこれまで見えなかった風景が見え、山頂に辿り着けばまた別の山々の頂が見えてくる。足元を一歩一歩確かめながら、自分の頭で考えて登っていくプロセスはビジネスに似ている。

だから、登山のプロセスでは「何のためにやるのか?」「なぜ登山を続けているのか」という問いを自分自身に投げかけるのが良い。

山を登ることは楽しい。

だが、単にそれを「楽しい」と感じているだけでは、いかにももったいないと思う。大事なのは、そのときに「なぜ楽しいか」を考えることだ。

勉強であっても仕事であっても、人は大変さの中に楽しさを見いだせる性質を持っている。その楽しさについて突き詰めて考えると、そこからは様々な本質が浮かび上がってくるものだ。

たとえば、僕自身について言えば、楽天という会社をまったくのゼロから始めて27年が過ぎた。周囲からはよく「ここまで来られると思っていたか」「これからはどこまで行くのか」と聞かれるが、これも登山にたとえればまだまだ道半ばだ。「次」について考えるのは、七合目くらいまで登れたときで良いと思っている。

重要なのは目の前の一歩一歩を踏みしめてビジネスという山を登りながら、常に「何のために登るのか」を考えることだ。今の楽天の場合では、「完全仮想化クラウドネイティブモバイルネットワーク」によって携帯電話事業の世界を民主化し、日本の会社が世界に通用すると証明する、というように。

そこで僕が思い描いているのは、世の中がイノベーションによって便利になり、人々の生活がより幸せになるという大義である。AIの発達によって人間の仕事がなくなるという意見もあるが、あくまでも技術は手段であり道具でしかない。それを用いることでより付加価値の高い、人間にしかできないような仕事を生み出していく。そうして、山の向こうにあるまだ見ぬ景色を見たい、と思っている。

登山にもビジネスにも刺激やスリル、達成感といった様々な要素があるが、大切なのはそれを「楽しい」と思えるかどうかである。そして、目の前の楽しさの意味を深く理解できれば、人生そのものを豊かにすることができる。

だから、谷川岳登山の際には、単に「今日は登山をすればいい」と思うだけではなく、登山のプロセスそのものを最大限に楽しみながら、その先にある何事かを自分の頭で認識してもらいたいと思っている。

僕がそうした谷川岳登山のようなPractice（実践）を社員に対して用意し、仲間を巻き込んでいくのは、それがいずれは会社の土台を作っていく仕組みになると考えているからでもある。

Practiceというものは意識的に続けていると、次第にそれが会社全体のValue（価値）となる。そして、ValueはいずれCulture（文化）となって浸透していく。

今、自分自身が感じている楽しさについて突き詰めて考え、そこから浮かび上がる様々な本質を自ら確かめて欲しい。

98

思考を棚卸しせよ。

年末から新年にかけての休みは、家族と一緒に群馬県でスキーをして過ごすことが多い。本格的に始めたのは、谷川岳登山を始めたのと同じ10年以上前。プロの指導も受けてトレーニングを積んでいる。

さて、そうした少し長めの休暇のとき、僕が必ず行っているのが、頭の中に乱雑に積み重なった考えやアイデアを「棚卸し」する作業だ。次々と目の前に課題が降りかかってくる日常を過ごしているからこそ、ビジネスの種になりそうなテーマや気づきを整理する時間を意識的に作っているのである。

その際はA４の紙を用意し、頭の中にぼんやりと積み重ねたままのモノや人、アイデアといったキーワードを書き出す。それらを「通信」や「エネルギー」、「医療」といったカテゴリーに分け、さらには線で結んだりして、ひとつの大きな図として表現していく。

この作業に一人で黙々と取り組んで初めて見えてくるものがある。曖昧だった要素のひとつひとつがつながり、それぞれの関係性や意味が浮かび上がってくるからだ。

すると、曖昧だった物事の本質が徐々に言葉として理解され、「そもそも、これはどうする?」「このビジネスは諦めよう」「ここはガッツを持ってやるぞ!」と考えが整理されていくのである。

このように、ビジネスにおいては一人で黙考する時間も必要だ。頭の中で整理されずに混沌としている情報やアイデア、人から聞いた話など様々な要素をいったんダウンロードしたつもりになって、全体のデータを俯瞰するような姿勢が大切である。

第三人格を自分の中に作り、今、自分がしていること、こだわっていることを客観的な視点から分析してみるというわけだ。

新型コロナウイルス感染症の流行の際もそうだったように、とりわけ社会全体が大きく変わろうとしているときは、どのように時代の動きを読み、アジリティ(俊敏さ)を持って物事を動かしていくかという問いが重要だ。

そのためには、物事を見つめる複数の視点を自分の中に持つ必要がある。俯瞰して見ると同時に、細部を見る。中長期で物事を見つめながら、短期的にも見る、というように。

それはビジネスというものの面白さ、醍醐味を感じることにもつながる。

ビジネスの面白さは、細部と俯瞰、長期と短期、大胆さと繊細さ、といった両極の視点を行ったり来たりするダイナミズムにある。

だが、日々ビジネスの現場で忙しい状態にあると、目の前の事柄に集中し過ぎてしまうため、この俯瞰と中長期の視点がおろそかになりがちだ。よって、時には一人になって思考を棚卸しし、冷静に頭の中を整理する時間をあえて作り出してみるべきなのだ。

99 四つの鏡を持て。

ビジネスの世界でよく引用される中国の古典『貞観政要《じょうがんせいよう》』に、リーダーの心得を説いた「三鏡」という有名な教えがある。

三つの鏡——すなわち「銅の鏡」で自分の表情を確認し、「歴史の鏡」で過去から物事の盛衰を学び、「人の鏡」で今やっていることを周りがどう思っているかを知り、自らの行いを省みる。この三つの鏡を持つことが、組織を率いる者にとって重要だというものだ。

僕はこの教えが好きで、楽天で常識を打ち破るような事業を考えようとしたり、重要な経営判断を行ったりするときにふと思い出す。

「歴史の鏡」として、過去の著名な経営者の顔や実績を思い浮かべ、「あの渋沢栄一だったらどうするかな」「松下幸之助だったら何を考えるかな」と想像する。すると、プレッシャーがかかった状況の中で、前に進むための力を与えてもらったような気持ちになる。

たとえば、渋沢栄一——。

彼はフランスのパリで万博が開かれた1867年、江戸幕府最後の将軍である徳川慶喜の弟・徳川昭武の渡仏に、警護に当たる水戸藩士のリーダーとして付き添った。渋沢は初めての海外経験となるパリでの1年半にわたる滞在の中で、ヨーロッパの経済や法律、株式会社や銀行の仕組みについて学んだ。その体験は後に約500社もの会社の設立に関わり、日本の資本主義の父と呼ばれることになる渋沢の土台を作り上げた。

当時、初めて日本の外に出て西欧の近代的な金融システムに触れたとき、渋沢はどんな思いを胸に抱いただろうか。おそらく、自分のいた日本がどれほど遅れているかを、まざまざと痛感したに違いない。

僕たちが向かっていく新しい「未来」というものは、いつも半分くらいは見えていても、残りの半分はまだ誰にとっても暗闇の中にあるものだ。だからこそ、仮説を立て、半分だけしかまだ見えていないその先の世界に、果敢に分け入る姿勢がビジネスでは繰り返し求められる。新しい世界を本当の意味で作り出せるのは、そんな風に暗闇の中の道なき道を、自分を信じて進める者だけだ。渋沢もきっと、そのようなマインドを持った人物だったに違いない。

そして、戦後の日本にはこの渋沢栄一のように、まだ見ぬ未来に向かって行動した起業家が多くいた。本田宗一郎や盛田昭夫……彼らひとりひとりが、おぼろげながらに見える世界の向こう側へと進んだモデルケースだと思う。

僕が日本や世界の未来を意識して行動した人々を「歴史の鏡」として学ぶのは、彼らがその半分の未来にどう分け入ったのかを想像したいからである。

彼らのような迫力ある日本の経営者は、残念ながら「ジャパン・アズ・ナンバーワン」と謳われた1980年代半ばを境に、減っていった。そんな中、日本は「ものづくり大国」という過去の栄光に囚われ続け、今では急速に変化する世界のスピードについていけなくなってしまった。ロボットや生成AIの技術が進み、iPhoneのようにデバイスとソフトウェアとの組み合わせこそが意味を持つ地殻変動の時代の中で、かつての呪縛がいまだ解かれていないことは深刻だと思う。

僕は、この『貞観政要』の「三つの鏡」に、四つ目の鏡として、「世界の鏡」を付け加えたい。世界でどのようなことが起こっているかを知り、そこから学ぶための鏡だ。今やインターネット上では、世界中の経済、テクノロジー、政治、文化、教育など広範囲の分野における大量の情報にアクセスが可能となっている。新しいルールや社会を作り上げていくためには、様々な価値観に触れて、国際的な視点で物事をより高い視座からとらえることが必要だ。明治維新前夜に福澤諭吉たちが欧米視察を行ったように、または遣隋使や遣唐使の時代のように、世界に触れることが日本を進化させる。

楽天では2010年、社内公用語を英語にする方針を決めた。当初は世間から批判も受けたが、今振り返れば、英語の社内公用語化によって日本的な企業風土を打破し、真の意味でのダイバーシティの追求に成功しつつある。常にグローバル視点で物事を考えることや世界レベルで情報を収集することが、組織としても定着している。加えて、英語化により世界中から才能あふれる人材が集まってきたことで、組織が多様化され、ダイナミズムが加速している。「世界の鏡」を持って世界の視点で考えることは、今後一層重要性を増していくだろう。

『貞観政要』の「三つの鏡」に「世界の鏡」を加えた「四つの鏡」は、要するに「常に第三者の目を持つこと」だと僕は思う。どんなに素晴らしい考えであっても、過去に固執する現在の日本のようでは、進化は望めない。プライドは必要だが、それは自己顕示欲と表裏の関係にある。また、リーダーシップとわがままも紙一重のものだ。

そんなとき、「四つの鏡」を意識して、今の自分の本当の姿や位置を知ること。

そして、過去や世界から学び、周囲の人がどう考えているのかを理解したら、あとはとにかく鏡を見て笑ってみよう。

100

楽天的に行け。

人も組織も、チャレンジと失敗を繰り返すことによって大きくなっていく。もちろん、何かにチャレンジするときは、思いつきだけで行動せず、成功の可能性と失敗のリスクの大きさを比較して、しっかりとしたアクションプランを立てなければならない。「何がなんでもやり遂げるんだ」という気概も大切だ。

しかし、どんな人であっても、失敗することはある。ただそのとき、過去を振り返り続けてくよくよ後悔してはいけない。考え抜いた上でのチャレンジが失敗に終わったときは、「次こそが自分の出番だ」というくらいに楽天的にとらえるようにすればいい、と僕は思う。

僕も社会人になってから30年以上が過ぎ、その歳月の中で様々な成功と失敗を経験してきた。その上で確かに実感しているのは、失敗という言葉は、常に「learning experience（教訓）」に置き換えられるということだ。

だからこそ、ミスをしたら素直に認め、修正すればよい。逆に、人のミスについては、揚げ足をとらず、常に寛容な姿勢で臨もう。

一方、ビジネスにおいて特に陥ってはならないのは、大企業や官僚組織にありがちな「減点法」だ。「減点法」の世界ではミスをすると評価が下がり、組織の中での出世が望めなくなったりする。そのような価値観が蔓延する組織では、当然のことながら世の中を変えるようなイノベーションは生まれない。

だから、失敗は自分の中で大きくとらえ過ぎず、あくまでも教訓ととらえるべきだ。誰にでも間違えることはあるのだと、常に認識しながら物事を進めるくらいでちょうどいい。

ただ、失敗を糧にするという姿勢について考えるとき、もうひとつ踏まえておかなければならないことがある。それはあまりに失敗を繰り返したり、成功体験が少な過ぎたりすると、心の中に負け癖がついてしまうというデメリットだ。

負け癖というのは厄介なもので、「目標を達成しなくていい」という意識が生じてしまう。確かに人は誰しも失敗をするが、だからといって「どうせ自分は失敗するのだ」と開き直ってはおしまいだ。

よって、日々の仕事に向き合う際は、小さな目標を立てながら常に達成と成功を実感するように心がけたい。そうして小さな成功を普段から積み重ねていくと、いずれ経験する失敗に向き合う際の態度が変わってくる。

「今、自分はこの失敗から学び、成功に向かって力をつけているのだ」

と、前向きに考えることができるようになるからだ。

どんな小さな成功体験であっても、それを積み重ねれば「成功の法則」が頭に沁《し》み込んでくるものだ。何か新しいチャレンジをしたとき、たとえ失敗したとしても、それを分析して次なる成功を作り出す力が身につく、と言ってもいいだろう。

だから、ぜひ多くの人に試してもらいたいのは、これまでの自分の成功体験を振り返り、どのように成功したのか、なぜ成功したのか、という要素を10個くらい数え上げてみることだ。そうすると、失敗した際にも改善点を見つけやすくなるはずである。

改善点のないパーフェクトな人間はいない。僕自身も多くの失敗を経験してきたが、そのときは必ず「何が失敗の原因だったのか」「同じことをして成功した人とは何が違うのか」を客観的に分析するようにしてきた。目標に届かなかった原因をしっかりと追究し、「成功のコンセプト」である「仮説→実行→検証→仕組み化」の流れをいま一度押さえ、次なるチャレンジへと反省を生かしていく。

その中で、「努力を楽しむ」という感覚を持てれば、なお素晴らしい。

人はどんな苦難を前にしてもそれを自分の成長へとつなげられるはずだ。そのときに大切なマインドセットが、「楽天的に、前向きに」なのである。

構成
石川拓治・稲泉連

ブックデザイン
アートディレクション：佐藤可士和
デザイン：吉田友恵（楽天デザインラボ）

編集協力
荒川さくら（楽天グループ広報部）

本文 DTP
美創

この作品は二〇一二年八月幻冬舎文庫に所収された
『成功の法則92ヶ条』に加筆修正したものです。

〈著者プロフィール〉

三木谷浩史（みきたに・ひろし）

1965年神戸市生まれ。1988年一橋大学卒業後、日本興業銀行（現みずほ銀行）に入行。1993年ハーバード大学にてMBA取得。日本興業銀行を退職後、1996年クリムゾングループを設立。1997年2月株式会社エム・ディー・エム（現楽天グループ株式会社）を設立し、同年5月インターネット・ショッピングモール「楽天市場」を開設。現在、楽天グループとして、Eコマース、フィンテック、モバイル、デジタルコンテンツなど多岐にわたる分野で70以上のサービスを提供する。

また、2011年より東京フィルハーモニー交響楽団理事長を務めるほか、2012年6月に発足した一般社団法人新経済連盟の代表理事を務める。独自の技術基盤「アルミノックス™プラットフォーム」を基に、医薬品・医療機器の開発および販売を行う、Rakuten Medical, Inc.の副会長兼Co-CEOも務める。

成功の法則100ヶ条

2024年5月20日　第1刷発行

著　者　三木谷浩史
発行人　見城 徹
編集人　福島広司
編集者　杉浦雄大

GENTOSHA

発行所　株式会社 幻冬舎
〒151-0051　東京都渋谷区千駄ヶ谷4-9-7

電話　03(5411)6211(編集)
03(5411)6222(営業)
公式HP：https://www.gentosha.co.jp/
印刷・製本所　図書印刷株式会社

検印廃止

ISBN978-4-344-04248-3　C0034

この本に関するご意見・ご感想は、
下記アンケートフォームからお寄せください。
https://www.gentosha.co.jp/e/